U0092731

清代玉器之美

宋小君 著

滄海叢刊/美術

東大圖書公司 印行

國家圖書館出版品預行編目資料

清代玉器之美／宋小君著.--初版.--
臺北市：東大，民87
參考書目：面
面；　公分.--(滄海叢刊)
ISBN 957-19-2165-3（精裝）
ISBN 957-19-2166-1（平裝）

1.玉

794.4　　86012264

網際網路位址 http://www.sanmin.com.tw

著作人 宋小君
發行人 劉仲文
著作財產權人 東大圖書股份有限公司
臺北市復興北路三八六號
發行所 東大圖書股份有限公司
地　址／臺北市復興北路三八六號
電　話／二五〇〇六六〇〇
郵　撥／〇一〇七一七五——〇號
印刷所 東大圖書股份有限公司
總經銷 三民書局股份有限公司
門市部 復北店／臺北市復興北路三八六號
重南店／臺北市重慶南路一段六十一號
初　版 中華民國八十七年九月

編　號 E 90051

基本定價 柒元捌角

行政院新聞局登記證局版臺業字第〇一九七號

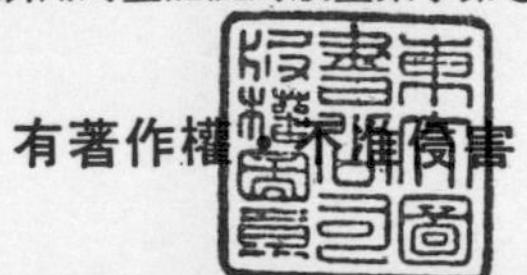

ISBN 957-19-2166-1（平裝）

代序

一片冰心玉世界

一、溫潤堅貞，含蓄和光，是玉的內涵，也是中國人的美德

中國是個賞玉、佩玉、愛玉的民族，玉的內涵，具有溫潤堅貞、含蓄和光的特徵；同時，中國人以玉比德、比君子，具有溫潤堅貞的性情，含蓄和光的才德，象徵了中國人具有玉一般的內涵和美德。

周代《詩經》中，便有許多與玉有關的故事，例如《衛風・木瓜》，敘述一對戀人，男子投給女子一個木瓜，女子回報以一塊赤色的佩玉，不僅是投桃報李，而是投報以貴重的禮品，表示以心相許，以示永愛不渝。《詩經》中是以女子的口吻唱的，其中首章的歌詞是：

> 投我以木瓜，報之以瓊琚，匪報也，永以為好也。

又《詩經・召南・野有死麕》中，記載一位獵人，將獵物贈與所思慕的女子，並三番兩次地對她表示真情，在歌詞中，

用「有女如玉」，讚美女子的美。這是中國文學中，第一次用玉來形容女子的美。自此以後，「玉人」一詞，不僅是製玉的人，也是俊男美女的通稱。

二、古代以玉祭天地，以應人神的感召，達天人合一的最高境界

玉是天地間的美石，外表粗糙未開磨的為璞石，開割後內在的部分為玉石，這是天地賜與人類的寶石，中國人最早發現玉石的珍貴，用玉作為佩飾，用玉作為祭天地、祭日月星辰的供品。

在上古時代，人類使用石器作為工具，是為石器時代。其後，商周時期，玉器便與中國人結下不解之緣，用玉做成充耳、珩璜、衝牙、瓊琚之類，配以龍紋、朱雀紋、黼紱紋等圖案作為佩飾，男女可用，以效玉的溫潤和堅貞。就如《詩經》中所說的：

> 知子之來之，雜佩以贈之；知子之順之，雜佩以問之；知子之好之，雜佩以報之。（〈女曰雞鳴〉）

又：

> 俟我於著乎而，充耳以素乎而，尚之以瓊華乎而。（〈著〉）

首段是妻子送佩玉給丈夫的詩句，後段是親迎時，新娘要新郎在門屏等她，看到他佩著白色的充耳和華麗的衣服。

大件玉器的使用，是天子公侯們用來向天地祈福的祭品，用圓形的蒼璧以祭天，用八方形的黃琮以祭地，用上圓下方的圭璧以祭日月星辰。以玉禮拜天地，酬謝天地生生化育的德澤，以佑社稷，以臨百姓。因此，中國人認為玉是天地間賜給人們的最佳禮物，用玉酬謝天地，以應人神的感召，以達天人合一的最高境界。

三、玉代表中國文化，儒家用玉佩玉以養德，道家食玉臥玉以長生，今人賞玉重玉，為愛，為美，為避邪，為保值

玉在中國，象徵多種涵義，女媧補天的神話，說明了人間情天難補的真諦，因此《紅樓夢》以這個神話作為全書的開端；《韓非子》中和氏璧的故事，說明了懷才不遇的遭遇，幸好後來遇到明主，雖被識貨，但雙腳已被刖掉。《史記》中記載，趙國得到一塊和氏璧，秦王脅迫趙王交出和氏璧，並誑以將十五城換取此璧，因而使人聯想到懷璧有罪、因財得禍的道理。幸好藺相如周旋得法，將價值連城的玉，完璧歸趙，這是一段歷史上真實的故事，記載秦王為爭奪一塊美玉，險些引起一場殘酷的戰爭。

漢代以傳國璽做為權位的象徵，漢武帝的弟弟中山靖王劉勝和他的妻子竇綰，死後用玉棺殉葬（即河北滿城出土的金縷衣），以為可以永生或再生。儒家是以用玉、佩玉以養德，仿效玉的溫潤，外表與內斂均具含蓄之美；道家教人食玉、服寒石

散，以為可以養生、長生，甚至用玉棺、玉匣埋葬，以為可以登入仙域。然而，民間用玉，大都與情愛或鑑賞有關，或為定情的信物，或為家人作為傳家之寶，或是把玩鑑賞之用。歷代玉工巧思，使頑石含情，玉石生輝，所琢磨的玉器藝品，成為中國人的最愛，既可玩賞，又可傳達情意，形成中國人特有的玉文化，因而有關玉的故事，歷久傳誦不絕。

四、清代為玉器的黃金時代，累積前朝治玉的經驗，加以和闐白玉的開採，滇緬翠玉的增輝，痕都斯坦（印度）玉的入貢，無論玉材玉工，均臻至一時之盛

歷代玉器之發展，由平面浮雕到立體雕，到清代可謂玉器的黃金時代。無論玉材的取得，玉工的雕工設計，均超越各時代，由於清代皇室的愛好玉器，使玉器的製作達到顛峰的水準。乾隆皇帝愛賞古玉，加以乾隆年間回疆玉田的開採和闐白玉；其後慈禧太后喜愛翠玉，因而滇緬的翠玉流行，玉色增輝；甚至痕都斯坦玉的入貢，使薄雕、鏤空雕、嵌鑲雕等玉雕技巧，開拓玉雕的新境界。

清代玉器的實物，今分別陳列或蒐集於臺北國立故宮博物院及北京故宮博物院中，在圖書方面，有《中國玉器全集》，李久芳主編，河北美術出版社出版，《故宮博物院藏文物珍品全集・玉器篇》，商務印書館出版，《故宮鼻煙壺》，國立故宮博物院編輯出版，《清代玉雕藝術》，國立歷史博物館出版等。其次，民間收藏的清代玉器也不少，但流散在民間，不易見其全豹。

每次參觀臺北國立故宮博物院，對院內陳列的玉器，流連觀賞不已，尤其對清代的「翠玉白菜」、「白玉苦瓜」、「肉形石」等玉雕藝品，都會怦然心動，讚賞人間玉石之精美，雕工的巧思，已達天然、神思、巧刀渾然一體的境地。

五、《清代玉器之美》與是書作者的心路歷程

一九九三年秋，我應香港珠海書院之聘，擔任該校中文系所客座教授，當時宋小君女弟正在珠海書院畢業班肄業，她喜愛文學和美學，對詩歌和武俠小說很熱愛，同時她的興趣很廣，閱歷多，語言能力很強。有一次，他們夫婦邀我一同去參觀香港第十屆國際珠寶展，地點在灣仔，才知道她對玉器和珠寶相當在行，因為他們夫婦倆從事玉器和珠寶的工作已有二十幾年的經驗。後來好幾次在香港廣東道去看玉市，她告訴我有關辨別玉器的訣竅和珠寶鑑別的簡易方法。難怪以前我只是喜愛玉而不得其奧祕，每次買到的竟然是啞玉，不然就是玉皮或染色的贗品。

我們也曾論及中國人對玉器的鑑別，不像西方對珠寶的鑑定採用科學方法，用等級和量化來區分類別。然而玉質的良劣瑕瑜，往往憑肉眼的判斷，主觀的鑑定，沒有使用西方科學化的量化和等第的區分。但想想，中國畢竟是中國，西方畢竟是西方，中國人的文化背景和思惟方法不同，中國人對玉器的鑑定，也如同中藥針灸、氣功一樣，是神祕的、抽象的，要用心靈去感受、去接觸，它的美，不是機械化、科學化可以去衡量的，這是行之數千年經驗的累積，與中華文化的特質相應合。

次年，她考取香港新亞中文研究所，要我指導她的論文，她的籍貫是瀋陽，又是鑲黃旗的後裔，她想以「清代玉器美學之研究」為論文的題目，並以臺北、北京兩地的故宮博物院所收藏的玉器，以及清代帝王所寫的御製詩作為重要的文物資料，透過美學原理來構思，由於她的鍥而不舍和努力，終於完成這篇論文。

如今，承蒙東大圖書公司劉振強董事長之不棄，將此書予以出版，為顧及廣大讀者的需求，將學術文章趣味化，以增強可讀性，因此改名為《清代玉器之美》，並大量配以圖片，以增加實物的鑑賞。希望借宋氏的著述，使愛玉的同道，共同切磋，以光大我國玉文化的特色和領域，是所企盼。是為序。

邱燮友

清代玉器之美

第四章
清代玉器形式結構之美 51

第五章
清代玉器內容涵義之美 91

第六章
清代玉器美學之要素 107

第一章

緒　論

每一次我到故宮，翠玉白菜就一直吸引著我，還有巧色的五花腩肉、多寶閣，各種玉玩，都是那麼地精巧、細緻，讓人流連忘返，久久難去。

我出生在瀋陽，從小在大家族中生長，因為長輩們對玉器的愛好，使我對玉器也有了概念。我的家族在前清時代屬於鑲黃旗，因此對清宮中的生活、風俗頗為熟悉。每當我看到故宮的典藏，尤其是對清代的遺物，便有一份親切感。直到大學時代，半工半讀的生活，讓我有機會在珠寶公司工作。尤其是玉器，更是耳濡目染。對實際器物的接觸，相形之下，與故宮珍藏器物之可望而不可即的情景，迥然有別。每日的摸觸，才真正體會到玉的可愛。在機緣的巧合之下，我終於與友人合夥開設了一間珠寶店，終日與珠寶玉器為伍，開始對清代玉器情有所鍾，

翠玉銜枝鸚鵡

並且也收集了一些。一方面由於個人的愛好，另一方面是基於家族的情感所致，更主要的是兩位恩師：臺大教授韓復智先生──他是一位史學專家，和師大教授邱燮友先生，頻頻敦促我上研究所深造，並且一致認為我對玉器的鑑賞，頗有心得，倘若能以玉為主題，以實際的經驗，加上學術性的研究，豈不更好，因此有了這部《清代玉器之美》。

玉是大自然的精華，它的外表拙樸，內蘊光澤華采。一塊原石，必須經過人工精細琢磨，才能顯出它的內涵之美。就如同大自然的奧秘一樣，如果沒有去深入的探討，就很難了解其中的奧秘。研究清代玉器所使用的方法，就好比人類開礦一樣，一定要使用工具才能挖掘埋在山脈裡的礦脈。學術研究的方法，跟採礦的道理相同。一般學術研究的方法，不外使用歸納法，演繹法，兼而用比較法。我最主要是運用美學的基本研究法與歷史研究法來研究清代玉器。「美比歷史還真實」這句話，常被人引用，似乎已經離開了亞里斯多德的原意，被獨立出來，變成了類似格言的警句。中國玉器，在歷史上確實扮演著最美的角色。它除了用作祭祀、信物、陳設、裝飾、飲食器具以及日常生活用品外，它更是人類智慧的結晶，美的體現，力的實踐。玉與石頭，從外表來看沒有什麼分別，這就是大自然的智慧，如同老子所說：「大智若愚」，沒有去剖析它，也難以發現它是石中之英。人類能分辨出玉與石頭的不同，是人類使用智慧而發現了大自然所隱藏的智慧，這其中也蘊含了無窮的美感。就像《韓非子》寓言中和氏璧的故事，一般人不相信它是一塊價值連城的寶物，直到卞和發現和氏璧，如同伯樂發掘千里馬。美玉與頑石難分，名駒與凡馬難辨，這都是大自然對人類智慧的考驗。玉是一塊頑石，經過玉匠的處理，才能將一塊頑石化為形形色色的器物。玉匠將他心靈的巧思，感情的宣洩，都一一表現在玉器之上，使這一塊塊的頑石，充滿了生機，不但平添人類生活的情趣，也留給了後人一條線索，讓我們能繼續探索玉石上美的奧妙。

清代玉器林林種種，乾隆御製詩中，有關詠玉的詩，隨處可見。乾隆御製詩共十冊，四萬二千五百五十首；御製文共一千三百五十餘篇。姑不論其優劣，比諸《全唐詩》所收唐人詩約四萬八千九百餘篇，乾隆一人之作，幾乎可與一朝詩人之作品數量相抗衡，堪稱壯舉。從御製詩中，可知清宮所藏的珍寶玉器實為繁複，猶如子貢稱孔子「夫子之牆數仞，不得其門而入，不見宗廟之美、百官之富」。清宮玉器是不為民間所能輕易觀賞到的，幸而御製詩介紹了清宮玉器之美，讀御製詩等於流覽觀賞了清宮玉器之精華。

清代玉器可分為兩類：一為清宮玉器，以目前國立故宮博物院典藏之珍品為主。一為民間收藏，民間所藏清代玉器的種類繁多，雖然真假不一，但其中也有些玉器不亞於故宮所藏之珍品。宮中之所藏，例如帝王、妃子，身上所穿戴的翡翠玉飾，種類繁多，美不勝收。貴族官宦人家所把玩的多寶閣、多寶串，其中玉器造形之美，就使人嘆為觀止。至於各方的貢品（如和珅所獻給乾隆的玉璽，大大小小不下數十件）、祭祀用玉、婚嫁喜慶的紀念玉器，更是洋洋大觀，可謂集人間之珍寶。民間所藏之玉器，多半不輕易示人，但到動亂之時，寶物玉器，則輾轉流傳坊間，譬如蘇富比拍賣的清代玉器，玉珠鍊、玉耳環、玉手環、玉扳指、鼻煙壺等是民間所藏最常見的，其選材之奇、雕工之精、設色之美、造形之巧，使人見了愛不釋手，鑑賞不已。

清代玉器，在乾隆時代，由於回疆的歸入版圖，從此和闐白玉大量入貢。白玉的流行，是因為天子王公的喜愛都以白玉為主，影響所及，也造成民間的風尚，所謂「上有好者，下必有甚焉」。到咸豐、同治，因慈禧太后熱愛翡翠，於是翡翠流行於晚清。玉工的爭奇鬥艷，使清代玉器邁向新的境界。

第二章

清以前玉器的發展

（上古時期～1644清開國）

第一節　上古時期～春秋戰國

（上古～206B.C.）

中國神話中的玉

《淮南子・覽冥》云：

> 往古之時，四極廢，九州裂，天不兼覆，地不周載，火爁炎而不滅，水浩洋而不息，猛獸食顓民，鷙鳥攫老弱。於是女媧鍊五色石以補蒼天。

又《史記・三皇本紀》：

> 當其（女媧）末年也，諸侯有共工氏，任智以刑強霸而不王，以水乘木，乃與祝融戰，不勝而怒，乃頭觸不周山崩，天柱折，地維缺，女媧乃鍊五色石以補天。

女媧補天的神話，是中國人用玉的開端，那五色石，便是玉石。因玉有綠玉、白玉、紫玉、赤玉等色。玉分兩大類，軟玉（NEPHRITE）和硬玉（JADEITE）。硬玉便是東方人最鍾愛的翡翠，翡是紅玉，翠是綠玉。而軟玉因含鈣鈉酸鹽等成分，便形成各種不同的顏色。中國人愛玉，男女均佩玉以自珍、自比。玉的堅貞，玉的溫潤，代表了君子和淑女。《詩經・召南・野有死麕》云：「有女如玉。」又《衛風・木瓜》云：「投我以木桃，報之以瓊瑤。匪報也，永以為好也。」玉不但是男女佩帶的飾品，也可以作為男、女示愛的信物。

古老而神秘的圖騰（6000B.C.～4000B.C.）

在新石器時代晚期，距今約四千至六千年之間，出現了人面、動物、鳥獸紋飾的玉器。這些玉器的面紋與商、周時代青銅器上的動物面紋相似，多半出現在沿海地區，從山東半島到江蘇、浙江以及黃河中游、下游一帶。例如：山東歷城縣龍山鎮出土的龍山文化中的玉圭紋飾，今收藏於臺北國立故宮博物院。十八世紀時加刻乾隆御製詩，在圭孔之上方刻有「古希天子」四字，御製詩則刻在圭孔之下方。反面並刻有神秘、嚇人的面紋，怒目獠牙，造形奇特。兩耳之間並有類似龍形的圖案，下端則刻有近似兩隻鳳舞的圖形。

分布在江、浙一帶的良渚文化，最具代表性的「玉琮」，高四十七・二公分，分十七節，是古代玉器中最大件的器物之一。怒目猙獰的面紋，又重新出現在玉器之上，可見這神秘的圖騰在這時期的重要性。其他尚有浙江餘姚河姆渡文化的玉瑱、玉璜。承襲河姆渡文化的江南型——青蓮崗文化，分布在蘇南和浙江一帶。主要的玉器如圭、斧、刀、笏、琮，都是做為禮器之用，一直影響到商、周時代的玉器。在沒有文字的時代裡，人類用玉來表達對天、地的崇敬，使玉器與中華文化結下不解之緣。

周天子祭天地用的六器與王侯所執的六瑞
（1100B.C.～771B.C.）

也許是受到神話中，女媧以五色石補天的啟示，古人認為用玉做祭品，最容易與天地四方之神靈交感。故而中國帝王祭天地時，決不會缺少玉器作為祭禮。周天子祭天地，以玉做六器，禮天地四方。《周禮・春官・大宗伯》云：

> 以玉器作六器，以禮天地四方。以蒼璧禮天，以黃琮禮地，以青圭禮東方，以赤璋禮南方，以白琥禮西方，以玄璜禮北方。

青玉穀璧

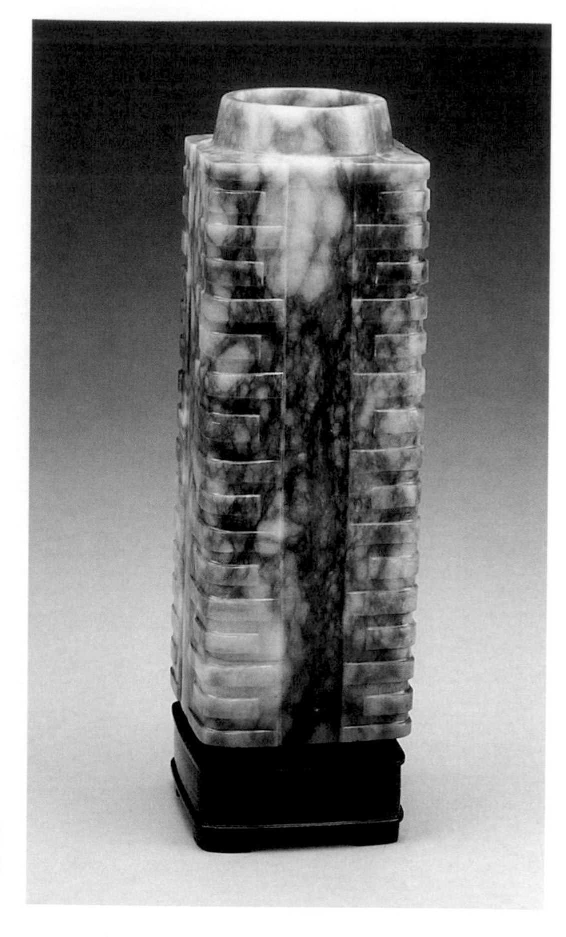

碧玉琮
為四方或八方形、古代用以祭地的禮器，有四方開泰，八方風調雨順之意。

所謂「六器」是指不同顏色和造形的玉器。冬至以蒼璧祭天，夏至以黃琮祭地。因天蒼地黃，玉的顏色與天地的顏色配合。而璧圓琮方，與中國人的天圓地方觀念配合。至於四方，祭東方用青圭，南方用赤璋，西方用白琥，北方用玄璜，玉器的顏色與四季四方的顏色配合，青色代表東方，赤色代表南方，白色代表西方，黑色代表北方。

至於六瑞，《周禮・春官・大宗伯》云：

以玉作六瑞，以等邦國。王執鎮圭、公執桓

圭、侯執信圭、伯執躬圭、子執穀璧、男執蒲璧。

所謂「六瑞」，是指周天子與屬下公、侯、伯、子、男所執尺寸以及紋飾不同的玉器，以作為身分、權職的區分。六瑞都有孔，而天子之鎮圭，孔在中央。《荀子》云：「欲近四旁，莫如中央，故王者必居天下之中，禮也。」《周禮・考工記・玉人》：「天子圭中必」，便是這個道理。

中山國王的玉

一九七四年，河北省文物部門配合當地農田水利建設，在中山國都城秦古城遺址，對中山國王陵墓群進行了考古調查，發掘了春秋戰國時期墓葬三十多座，共出土文物一萬九千餘件。中山國是春秋末葉到戰國時期（西元前六世紀至西元前三世紀初），由中國北方少數民族白狄族所建立的侯國，位於今河北省境內，是戰國七雄——齊、楚、燕、韓、趙、魏、秦以外的一個重要諸侯國。在中山國王墓群中所出土的文物，有大量的玉器，種類繁多，如石製六博棋盤、渦文青玉璧、夔龍飾青玉瑗、夔龍形黃玉佩、虎形黃玉佩、圓玉瑪瑙珠鍊、管玉瑪瑙珠鍊、玉童子、瑪瑙環、虎頭青玉璜、雲紋白玉璜、夔龍首黃玉玦等。這些玉器，造形不同，用意也有差別。《荀子・大略》云：

聘人以珪，問士以璧，召人以瑗，絕人以玦，反絕以環。

玉器的應用，由六器、六瑞，到日常生活中的瑗、玦、珮、璜、龍形璧等，都因形制的不同，而被賦予各種意義。龍能致雨，故龍形璧被用作求雨之禮器。好友相見或贈以瑗，以示相好，相互尊敬，援以升階。若贈以玦，表示友人或親人的訣別，因玉上有缺口，不再團圓。但這種說法，是因玦的外形而有此說。玦的真正用途，古今以來不外下述幾種：一為信物。二用作佩件。三象徵君子做事果斷，有大丈夫的氣質，不拖泥帶水。四用於射箭時，將玦套在右拇指上，作勾弦用的。五用在刑法之上。罪犯等待宣判，以環、玦明示。如見玦則不准還，否則反之。據歷來出土文物的報告資料顯示，如河姆渡、草鞋山、馬家濱諸墓，玉玦出土的位置都是在屍骨頭側耳部，也有發現在肩部、頸部、和胸部的。可見玉玦的主要用途是做佩件和耳飾，而玦的缺口，可能就是當時飾耳最可取的方法。至於其他幾種用途，就只有待進一步的考證了。無論如何，不可否認，古人用玉的造形，表現了他們的智慧與心意。至於璜佩之類的玉器，是男女身上的佩飾。早在春秋戰國時代，先民便用玉以飾身，於是有玉人、金童玉女之美稱。隨著玉的流行，而帶來了生活的品味。故男女玉不去身，以玉自比。

春秋戰國（771 B.C. ～ 221 B.C.）

《韓非子．和氏》載和氏璧的故事：

> 楚人和氏得玉璞楚山中，奉而獻之厲王，厲王使玉人相之，玉人曰：「石也。」王以和為誑而刖其左足。及厲王薨，武王即位，又奉其璞而獻之武王，武王使玉人相之，又曰：「石也。」王又以和為誑而刖其右足。武王薨，文王即位，和乃抱其璞而哭於楚山之下，三日三

夜，淚盡而繼之以血，王聞之，使問其故，曰：「天下之刖者多矣，子奚哭之悲也？」和曰：「吾非悲刖也，悲夫寶玉而題之以石，貞士而名之以誑，此吾所以悲也。」王乃使玉人理其璞而得寶焉，遂命曰「和氏之璧」。

和氏之璧、隋侯之珠，乃天下至寶。尤其和氏璧的發現，更是經過一番生命的摧殘才被發現。最初和氏獻給厲王時，厲王以為和氏騙他，刖了他的左足。後來他又獻璞給武王，武王也以為是騙他，又刖了他的右足。文王即位後，和氏抱璞石哭於楚山，他的痛哭，不是為了雙足被刖，而是哭真正的寶玉，不被世人所賞，於是文王使玉工治理其璞，寶璧於焉問世。這一則和氏璧的故事，其實是一則寓言，韓非子借這則寓言，抒寫心頭的悲憤。從厲王到武王，由武

白玉螭紋璧
〈漢官舊儀・上〉：
「皇帝六璽皆白玉虎紐。」螭紋是古代象徵帝王的圖案。玉螭也有比喻馬者，蘇軾〈書韓幹牧馬圖詩〉：「紅妝照日光流淵，樓下玉螭吐清寒。」

王到文王，在周代帝王中，剛好是倒過來，不合史實。韓非子口吃，而春秋戰國時期，卻以雄辯為才。韓非子空有滿腹文采，可謂生不逢時，有才而不被見用。就如同卞和得璞石一樣，外表以為是石，其實內在是無價之寶玉。因此由「和氏璧」的故事，可見石玉難分，真玉難認。《史記・廉頗藺相如列傳》便用了這一則典故，使和氏璧的故事，不脛而走。從和氏璧的造形，可推知它原石的形狀是圓的，因為璧是圓形的，中有一小孔，用以祭天。玉工將卞和所獻的璞石，依其原有的形狀，因材施藝，將它琢磨成璧，保有玉石的本質，又能光華玉質特有之美，於是和氏璧，便成千古稱頌的一塊寶石。以至清乾隆御製詩中也用此典故，增加了詩的內容和傳奇性：

于闐采玉人，淘玉出玉河，……
玉不自言人盡知，那曾隔璞待識之，
卞和三獻刖兩足，審然天下應無玉。

第二節　漢魏晉南北朝

(206B.C.～581)

漢代用玉的意義（206B.C.～220）

玉器的發展到了漢代，進入另一個新紀元。以前玉的範圍比較廣泛，凡瑪瑙、水晶、青金石，都視為玉。漢人則對玉的定義，有了明確的概念。它除了是石中之精美者外，並兼有玉質溫潤、玉紋細緻、玉聲輕脆、玉材堅硬、玉色晶瑩等特色。許慎《說文解字》訓「玉」：

> 石之美有五德者。潤澤以溫，仁之方也；䚡理自外，可以知中，義之方也；其聲舒揚，專以遠聞，智之方也；不撓而折，勇之方也；銳廉而不忮，絜之方也；象三玉之連，其貫也。

玉之五德——仁、義、智、勇、絜——如同君子。君子無故玉不去身，以玉比德。玉的生命，跟人的生命力結合在一起，它並有人性的美德，如仁者的和煦溫潤，義者的堅毅不移，智者的敏睿智慧，勇者的不屈不撓，廉潔而不忮不求的特性，說明了漢人對玉的認知與儒家的思想相結合。另一方面，漢人視玉為人神交感的珍品，天地精氣，凝聚於玉石之上。它是上天賜給人類的禮物，也是神仙世界中的至美境界。「群玉瑤臺」、「瓊樓玉宇」，充滿了神秘的巫術氣息。而玉更有無窮的生命力與法力，漢人認為用玉來殉葬，可以因此而通仙境或再生。例如人死後，手握玉豬，口含玉蟬。蟬象徵人死後脫殼羽化登仙，而豬則象徵死後子孫繼續繁衍。

漢武帝建造承露臺來迎接西王母，並且用玉杯承接午夜露水，合玉屑一起飲用，以求長生不老。民國五十八年（1969）河北滿城出土的金縷衣、銀縷衣（漢人稱玉匣、玉棺）是漢武帝的弟弟中山靖王劉勝和他的妻子竇綰的玉棺。《後漢書・禮儀志》記載：

> 緹繒金縷玉柙如故事，飯唅珠玉如禮。

劉昭補注：

> 漢舊儀曰：帝崩，唅以珠，纏以緹繒十二重。以玉為襦，如鎧狀，連縫之，以黃金為縷。腰以下以玉為札，長一尺，廣二寸半，為柙，下至足，亦縫以黃金縷。請諸衣衿斂之。

又〈禮儀志〉云：

> 諸侯王、列侯、始封貴人、公主薨，皆令贈印璽、玉柙、銀縷；大貴人、長公主銅縷。

每一件玉棺大約用兩千多片的玉，以金線、銀線或銅線穿綴而成，故有金縷衣、銀縷衣、銅縷衣之別稱。如以一個玉工來做一件玉棺，要花費十年的時光，由此可知漢人厚葬與遊仙觀念之濃厚。玉除了殉葬之外，一般婦女，以玉作飾物為時尚，從漢樂府〈羽林郎〉「頭上藍田玉，耳後大秦珠」之句足以證明。漢代對玉器的使用，從宮廷到民間，已是極為普遍。

魏晉六朝的玉（220～589）

魏晉六朝玉器的發展，因戰亂而走向衰微，不及漢代的多彩多姿。《後漢書・劉盆子傳》云：

> 赤眉發掘諸陵，取其寶物……。

又《三國志・魏書・文帝紀》云：

> 作終制曰：飯含無以珠玉，無施珠襦玉柙，諸愚俗所為也。……喪亂以來，漢氏諸陵，無不發掘，至乃燒取玉匣金縷，骸骨並盡，是焚如之刑，豈不重痛哉！禍由乎厚葬。

由於漢王族的厚殮制度，而引致盜墓者的氾濫。那些漢室貴族王侯生前又怎能料到，死後不但未能保有不腐朽的軀體，反而遭亂賊以火焚，盜取陪葬品，落得骸骨並盡的下場。因此魏文帝在黃初三年（222）頒令禁止。至今考古學家們仍未發掘有魏晉之時的精美玉器出土。然六朝對實體的「玉」雖然不及前朝重視，但在文學上的辭彙引用，卻相當的普遍。《世說新語》中就有很多用「玉」來讚美人物的。例如：謝安答謝太傅曰：「譬如芝蘭玉樹，欲使其生於階庭耳。」後人即以「玉樹臨風」來形容謝安風流倜儻的神采。又《世說新語・賢媛》：

> 王夫人，神精散朗，故有林下風氣；顧家婦，清心玉映，自是閨房之秀。

以清淨的心像玉一樣純潔發光來讚美東晉名士張玄的妹妹。

> 裴令公（裴楷）俊容儀，脫冠冕，粗服亂頭皆好，時人以為玉人。

常言道：「人要衣裝，佛要金裝」。可是人的內在氣質、儀表、修養卻不是衣裝所能左右的。裴楷之所以被稱為玉人，自有超群絕倫之處。又如稱庾文康——庾亮為豐年玉，以「傀俄若玉山之將崩」來形容嵇叔夜——嵇康的醉態……，其餘還有：金玉滿堂、金童玉女、金枝玉葉、玉函、玉輦、瓊漿玉液，都是以玉來讚美美好的事物。魏晉六朝對玉器的發展，雖無創意，但對「玉」字的引用，可謂具承先啟後之功。

第三節　隋唐五代宋
(581～1279)

唐代玉冊的秘密（618～907）

唐代玉器的使用，依然保持古代的習俗，宮廷中用以祭祀，如唐玄宗禪地祇用的玉冊。民間使用的玉器多半是玉梳、玉佩等飾物。民國二十二年（1933）出土的唐玄宗開元十二年（721）禪地祇玉冊，今藏於臺北國立故宮博物院。

唐玄宗禪地祇玉冊
民國二十二年（1933）出土的唐玄宗開元十二年（721）禪地祇玉冊。

玉冊的內容：

> 維開元十三年，歲次乙丑，十一月辛己，十一日辛卯，嗣天子臣隆基敢昭告於皇地祇，臣嗣守鴻名膺，茲丕運率循地義，以為人極，夙夜祇若，汔未敢康，賴坤元降靈，錫之景佑，資植庶類，屢為豐年，式展時巡，報功厚載，敬以玉帛犧齋，粢盛庶品，備茲瘞禮，式表至誠。睿宗大聖真皇帝配神作主。尚饗。

唐玄宗祭地祇，祈求大地降靈庇佑百姓，豐盛年年，祭天的儀式謂「封」，祭地曰「禪」。封天的儀式在泰山山頂，禪地則在泰山下的小山丘。這種祭天地的儀式，是將祭祀所用的玉牒、玉冊等裝入金匱或者玉匱之中。而玉冊的內容，都為禱祝的文辭，祭畢之後，將部分祭品燔燒，惟將玉冊埋於地下，不為任何人所能見。就如同庶民入廟燒香向神明許願之詞不可告之於人一樣，唐玄宗禪地祇，也是一個天大的祕密。後世反而揭開了此中的奧秘，是玄宗當時所始料不及的事。唐代盛行佛教，而佛教雕刻是以巨大的木材或石材為主。玉材體積較小，不能配合巨大佛像的需求，故唐代玉匠，因玉材的限制，可謂「英雄無用武之地」。加以唐代製玉的風氣不盛，大型玉器的製作與漢代相比，唐朝就顯得「相形見絀」了。其實唐代小件的玉器，仍然流行宮廷及民間，例如：唐文宗太和元年（822），吐蕃派使者向唐室進貢，有金銀器、玉帶等。所謂玉帶，就是腰帶上鑲玉片。玉片上刻有胡人的民俗圖案，如胡人坦胸露臂，舞動彩帶，正反映了唐文化是胡漢兼容的。從此宮廷中就流行用玉鑲在帶上，以示官階身分高低。至於民間之玉梳、玉鳥、小玉人、小狗、玉駱駝，都帶有西域的風貌，可見佛教的流行，以及外來的文化，已經直接影響了中國人的生活習俗。然而，唐人好以博大、雄渾的唐三彩陶雕來殉葬，也喜愛大理石的雕刻品，從而替代了玉的地位。但唐人的詩句中，用「玉」字來形容美好的事物，較六朝人有過之而無不及，如「玉人」、「玉郎」、「玉笛」、「玉魚」、「玉樓春」等，比比皆是。

宋代〈碾玉觀音〉(960～1279)

在《京本通俗小說》中有八篇宋人的白話小說，〈碾玉觀音〉便是其中之一，內容敘述十八歲的秀秀，巧麗慧中，被咸安郡王看中，買入府中為養娘。府中還有一位二十五歲的碾玉匠崔寧，為郡王碾了個南海觀音，得到郡王的賞識。郡王曾許下諾言，等秀秀賣身期滿，便將秀秀許配於他。一日府中大火，二人逃出，而提前結為夫婦，至潭州開碾玉舖度日。後為府中當差郭排軍發現，命人將秀秀帶回府中並責打至死，崔寧則被罰發遣建康府。但秀秀隨後趕至，於建康府開碾玉舖。後來郭排軍見秀秀大吃一驚，又回府向郡王報告，於是派人捉拿秀秀，才發現秀秀是鬼魂。〈碾玉觀音〉是一則動人淒美的故事，崔寧所碾的玉觀音，因為他的移情作用，而將秀秀的造形，刻入南海觀音像中。崔寧是位精巧的玉工，當時咸安郡王交給他的那塊原石，形狀是上尖下圓的，於是崔寧就依玉材的原有形貌，雕琢成一尊南海觀音像，等於盡量配合玉材的紋理，造就一件特殊的精品。因此歷代玉匠的精美作品，往往將其情思、生命、情感，投射於所雕刻的玉器之中，使玉變成有靈性的藝術品。

宋代理學的流行，興起古文物考證的風氣。器物的製作，流行仿古的造形和紋飾。例如故宮所典藏的仿古角杯，有天然的赭斑，加上浮雕的三隻螭獸。漢代已有角形杯，但加上些許裝飾，非但保留了古風，更

翠玉觀音立像

呈現另一風格。宋瓷的造形和顏色，儘量模仿玉的本色，如官窯所燒的瓷瓶，口小腹大，顏色則以青、白兩色為主，線條單純簡明，合乎宋代理學講求寧靜、誠敬的要求。國立故宮博物院所收藏的宋代玉器中，也有宋真宗的禪地祇玉冊，與唐代的玉冊類似，但它的雕工並不如唐代精緻。最出色的要算是玉人（宋玉人佩），兩手平舉，作舞蹈狀，婆娑其姿，栩栩如生，線條雖然簡明，卻予人有流動之感。其他玉器如白玉駱駝、鳥形帶鉤、玉鸜鵒，也都唯妙唯肖，潔白可愛。

宋人盛行佩玉蟬。蟬本身有蟬退、蟬化、羽化登仙之意，亦取其有清高出眾之意。佛教徒喜蟬，取其與「禪」諧音。在佛教教義中，「禪」即「定」，入禪即入定，也就是不生不滅的狀態——涅槃，進入永恆的解脫。而其他如葬儀時，家屬往往讓死者口含玉蟬，是否意指人死後「噤若寒蟬」，生前縱有不平之事，也如同冬蟬一般，不再高鳴？或者是含蟬入定，進入不生不滅，永恆的解脫。

第四節　遼金元明
(907～1644)

至於遼（907～1025）、金（1115～1234）、元（1271～1368）的玉器，就以「春山」、「秋水」為主題。初春到河澤捕獵大雁，秋天則到山林獵熊、射鹿。故宮典藏的元大雁帶飾、白玉淩宵花，遼的玉犬、白玉鹿形佩，都帶有民族的色彩。塞外大雁，草原獵犬，野鹿的活動情況，遊獵民族的生活習俗，也都進入了玉器雕刻中。因此玉器與民俗文化，有息息相關之處。而每一個民族都有表現本身文化的方式，尤其是在玉器雕刻上，這些玉器都有耐人尋味的涵義。

明代巧匠陸子岡與「昆吾刀」（1368～1644）

明代玉器講求立體的雕刻，又回到漢代三度空間的構思。由於明代文人追求生活的素質，而玉器雕刻的技巧在此時也達到顛峰的狀態，故而多數的作品，以書房用品及擺設為主。又由於吳承恩的《西遊記》，齊天大聖美猴王成為民間百姓心目中的偶像，以猴為主題的作品，便流行於坊間。趙汝珍的《古玩指南》中提到一代巧匠——陸子岡，蘇州人。他不但是一位書畫家，也是出名的雕玉專家。封建時代的中國，人們認為萬般皆下品，唯有讀書高，因此一般工匠多為當時社會所不屑。故而歷代雖有精巧的玉工，卻未見有盛名於後世者。唯有明代的陸子

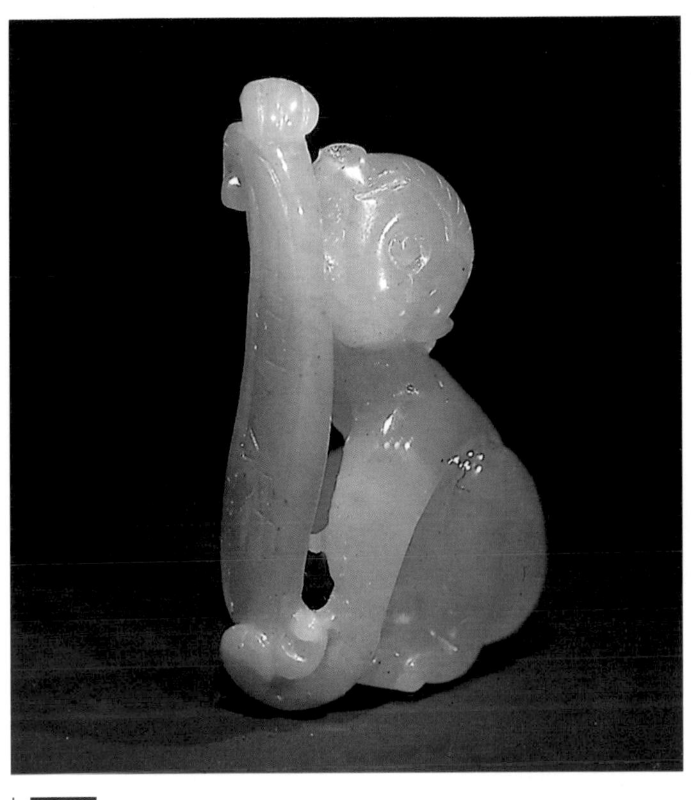

玉猴

岡，以他的生花妙手，匠心獨運，慧眼獨具，在玉的選材上非美玉不雕，或青或白，一定要純淨無瑕疵，通體一色，始肯著刀。所刻的字均屬陽文。陸子岡專選難處落手，加以善用「昆吾刀」，以致他的作品有「玲瓏奇巧，花莖細如毫髮」的美譽，備受當時人所推崇。而一般市賈紳商都以高出市價的雙倍，收購他的作品，以致後來有許多仿陸子岡的作品出現，使後人真假難辨。陸子岡所雕刻的玉器，多以文房四寶為主。今國立故宮博物院就收藏有他的二件作品。一為「青玉子岡款插花圖香爐」及一支「子岡款螭紋髮簪」，雕工之細，要透過放大鏡始見其巧。時人稱陸子岡為一代巧匠，可謂實至名歸。

何謂「昆吾刀」？以下是文獻中有關之記載：《列子・湯問》中記載：「周穆王大征西戎，西戎獻錕鋙之劍……，其劍長尺有咫，練鋼赤刀，用之切玉，如切泥焉。」又《海內十洲記》亦記錄在西海中的流洲，名為昆吾，「治其石成鐵作劍，光明洞照如水精狀，割玉如割泥。」

昆吾刀是什麼樣的質地？明李時珍《本草綱目》金鋼石條下，認為這種光明如水精，割玉如泥的昆吾刀，就是「金鋼之大者」。近人章鴻釗於《石雅》一書「金鋼」條下考證，四種金剛之一的鐵質金剛可研成粉末，合之於鐵，其堅無比，可用以鑽寶石真珠，就是「昆吾刀」。根據李時珍、章鴻釗的考證，昆吾刀即是用混合金剛石粉末的鐵所製成的刀，漢魏六朝時，由西域「昆吾」傳入。「工欲善其事，必先利其器」，陸子岡有了「昆吾刀」，使他在玉器雕刻史上，更上一層樓。

國立故宮博物院尚藏有其他明代之玉器，如刻有乾隆皇帝御製詩之明玉琮、三連環（三環合疊時是塊璧，三環分離時可構成似渾天儀的模型，匠心獨運，堪稱巧緻）……，其中以立雕的鷹與熊所構成的「英雄瓶」，頗見巧思，借鷹與熊的諧音雙關語，表示英雄之意，開啟清代玉器雙關義涵之美的途徑。玉鰲魚花，也是明代玉器的精品，其巧色之妙，能與鰲魚的本色相配合，真可謂：「因材施藝，因色取巧。」

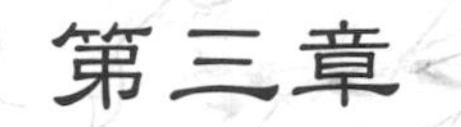

第三章

清代玉的文明

(1644～1911)

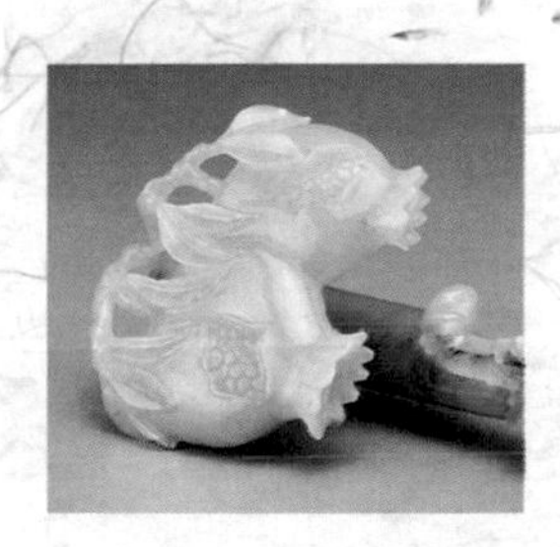

雕漆嵌玉屏風寶座 （北京故宮博物院）
紅雕漆製成的寶座屏風，屏風中用白玉、碧玉嵌成的荷塘春燕圖，屏風前設製寶座，為皇帝所御用。

清代的玉器，華麗精美，為歷代之冠，其中還蘊涵著無窮的神秘與浪漫，值得後人去探索。清代268年，玉器在內容上的變化也很大。有幾件較為特出的，例如：翠玉白菜、白玉苦瓜、五花腩肉，都是非常出色的玉器。而翠玉白菜更藏有愛情的神秘與浪漫，至於其他不為人所知的秘密，一定也含有動人的故事。好比《詩經・木瓜》：「投我以木桃，報之以瓊瑤，匪報也，永以為好也。」這類的愛情餽贈，相信在清宮中一定發生很多類似的故事。

清代玉器的發展大致可分初期、中期、後期三個階段，今分述如下。

白玉太平有象扁瓶

翠玉獅紐方鼎

鼎，是盛食和烹飪用的，鼎的形狀大多是圓腹、兩耳、三足，也有四足的，形制因時、地而有所不同。圖中即是四足鼎。

第一節　清代初期玉器之發展
（順治～康熙，1644～1722）

清是漢化最徹底的外來民族，漢文化的優秀，清人更加以發揚光大。清初朝廷為鞏固他的政權，對玉器的製作，尚在停滯的狀態，如李久芳《清代琢玉工藝概論》：「清遺存的玉器，數量極少，清宮中收藏的萬餘件清代作品中，未曾發現有鐫刻『順治』或『康熙』年款的玉器。」

由於清初期和闐尚未歸入版圖，玉材的來源受阻，所謂：「巧婦難為無米之炊。」清王朝初建，為鞏固政權而提倡節儉、樸實的創業精神，而玉石歷代都被視為豪華、珍貴的寶物，在這種趨勢之下，玉器工藝乃未能得到發展。例如江寧製造廠獻給宮廷的玉器，就都是一些前朝的漢玉筆架、漢玉鎮紙之類的製品。乾隆御製詩中，有關詠漢玉的詩很多，今舉幾首如下：

〈詠漢玉仙桃盃〉：

劉郎七夕承華殿，王母攜來桃七枚，
留核種難待結實，先教琢玉肖為盃。

〈再提漢玉娃娃〉：

兩漢閱千年以上，雙娃依舊戲嬰模，
萬民赤子置諸掌，在彼寧云在此乎？

〈詠漢玉鳩頭竹杖〉：

叢薄曾稱護東索，杖頭飾以賜耆年，
古今事有偶同者，喜鵲欲因比例焉。

〈詠漢玉素缾口〉：

漢玉素缾祇餘口，缾身失去落誰手，
即看截處土復浸，如不經磨知歲久。
長餘寸又分寸五，所惜無當慢相醜。
琺瑯為膽可插花，原無棄物況斯玖。
道古笑頗類張儀，歸問其妻舌在否。

從這些與漢玉有關的詩，可知清代開國期間，宮中的玉器，大抵為前朝遺留下來的古玉，尤其是漢代的古玉，最為普遍。宮廷玉器的來源是地方官員為了獻媚朝廷所進，或各地郡府的歲時貢品。所進貢的玉器，大致可分為三類。第一類是擺設用的，這類玉器體積較大，如漢玉素缾口。在御製詩中，乾隆讚美這件玉器，現在雖然只剩下素缾口，缾身已經下落不明，但從缾口可用於插花來看，相信是件較大的玉器。乾隆愛其古樸，故加裝琺瑯作為缾身，用以插花。在詩中結句，用張儀的典故，嬉笑漢玉素缾口何患無身呢？

第二類是日常生活中把玩的玉器，如漢玉娃娃、漢玉鳩頭方杖、玉彩球童子，以及動物、人物之類的玉器。玉娃娃可置於掌中玩賞，如詩中所云：「萬民赤子置諸掌，在彼寧云在此乎？」意思是說將漢玉喻為百姓，在聖恩的德澤中，寧願是生在漢代還是生在當代？

另一件玉鳩頭杖，是帝王賜給耆老重臣的恩物，用玉製的鳩頭杖，下加竹木，作為日常枴杖之用。但杖頭用玉製成，既可把玩，又是老人日常行走必備的用品。鳩頭杖的來源，據漢代應劭的《風俗通》云：漢高祖與項羽作戰之時曾敗北，高祖躲避項羽的追兵於蘆葦下，當時蘆葦叢上站有鳩鳥，鳴叫其上，項羽乃以為蘆叢下不可能有人躲藏，高祖因此免過一劫。又「古今事有偶同者」，清朝發祥之初，立國於鄂多理城數世，其間有內亂，叛者戕害宗族，有幼子逃遁於荒野，叛者追之，此時神鵲站其頭頂，追殺者遠望以為枯木，故中途而返。自此後，清人皆尊喜鵲為德鵲，不可加害。此事與《風俗通》所載之漢高祖事類似，從此人們以為鳩鳥可救人於禍難。此外，鳩鳥又有不噎之鳥之稱，送鳩杖給老人，也希望老人飲食時，不為食物所咽噎，有扶老平安之意。因此以鳩頭杖賜耆老功臣，便成為無上的恩寵。

第三類為儀禮用器，譬如帝王所用的玉璽、玉諡冊、八寶、七珍等供器。就以「漢玉仙桃盃」為例，它既可以做為儀禮供品，又含有吉祥獻壽之意——借蟠桃以獻壽。故詩中用西王母帶來的七顆蟠桃，承獻於華殿之上，以為龍壽之賀。詩末結語頗具詩趣，蟠桃非人間之物，縱使留下桃核，也難以栽成桃樹結實凡間。故教玉工仿其形狀，製成玉桃盃留置人間。

第二節　清代中期玉器之發展

（雍正～乾隆，1723～1795）

清至康熙年間，政局趨向穩定，經濟復甦，民間生活富足，於是各地官員進獻給朝廷的貢品，往往便有玉器珍寶之類。尤其到乾隆年間，回疆歸入版圖後，玉材的供應，源源不絕，而宮廷官員又講究服飾之配件，於是玉乃成為飾件的重要主體。另外，清人喜好鼻煙，亦講究以玉製鼻煙壺，加上日常生活用品亦講究華麗裝飾，因此使玉器的應用普及化。除自用之外，往往也以之為禮品，互相餽贈。至於一般書生士子，文房用具也都講究以玉為材質。

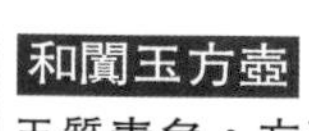

和闐玉方壺

玉質青色，方形壺體。腹部正面刻有乾隆御製詩九十八字，壺底刻有「大清乾隆倣古」六字。按詩所述為黃州專諸巷玉匠倣漢銅壺製成，為乾隆倣古器的代表作。

白玉蓋瓶

乾隆時代是清之鼎盛時期，四方入貢，各用巧心，以討好清廷，於是玉器成為貴重的貢品。其中尤以大量的和闐與痕都斯坦（印度）之玉器製作品，更是爭奇鬥艷，輸誠入貢。例如：國立故宮博物院所典藏的玉筆匣硯，在乾隆御製詩五集卷七十之〈詠提塞卜阿勒第所貢和闐玉筆匣硯〉：

玉琢和闐玉，四藏宛具中。
雖非貴異物，實乃表丹衷。
鐫字頗相似，排文卻不通。
鑒誠與笑納，亦以易文風。

匣硯蓋子上刻有「四夷來賓」，在匣盒之上也刻有「風調萬壽萬雨順萬方如意」。依此詩之注中所說：「提塞卜阿勒第是回部葉爾羌的阿奇木伯克」，當高樸駐箚葉爾羌的時候，勾通奸商役使回人採玉販賣，又勒索該地金銀珠寶贓私纍纍，回眾無不怨憤，幸而提塞卜阿勒第列款呈首，永貴乃據實上報。隨將高樸等在葉爾羌正法，免採玉回人次年應納之稅，回眾始安。當時若非提塞卜阿勒第先告發，再遲年餘必生回亂，因此乾隆即加封貝勒以示優獎。其後提塞卜阿勒第入貢此玉筆硯匣，而乾隆特於賞收。而略懂中國文物鐫字的回人認為皇帝是「萬歲爺」，因此一切的吉祥事只要加個「萬」字獻給皇上，就絕對「萬無一失」，可討「萬歲爺」的開心。試問吉祥的事那怕是有一萬次之多呢？正如乾隆詩中所述：基於獻貢者的衷心與真誠，雖撰文不通、「非貴異物」，卻也真贏得了乾隆的歡心，不然也不會作一首詩詠讚了。

由於回疆納入版圖，葉爾羌的安定，玉材的來源充足，加上乾隆時代已經過順治福臨、康熙玄燁年間的努力，百業俱興，政局穩定，工藝品的製作有極大的進展，新製的玉器更超過以前的古玉。如乾隆年最為

白玉石榴如意

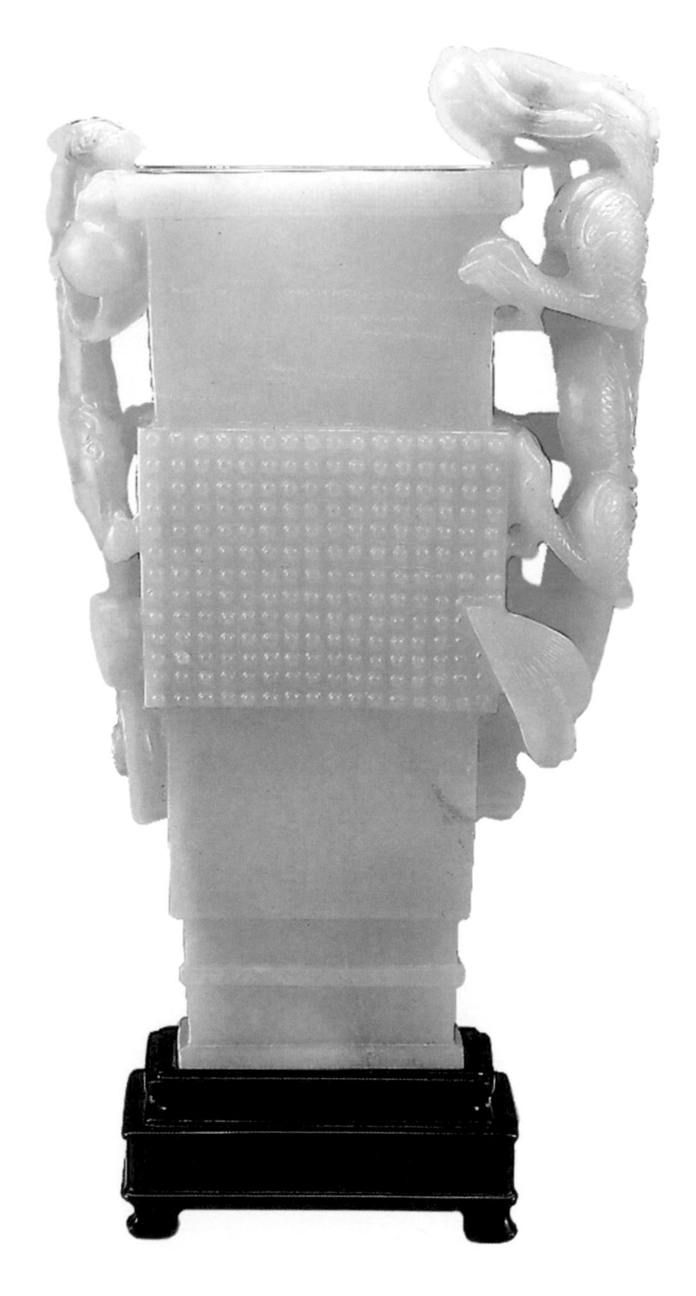

白玉螭形盃

人傳頌的「大禹治水圖」，高二二四公分、重達七噸；「會昌九老圖」，高四五公分、八三二公斤，都是宮中大型的陳設品。而由於乾隆對「白玉」情有獨鍾，故而乾隆時期白玉之盛可謂一時之選。在御製詩中，詠白玉如意就有幾十首，試舉其中二首，可見他對白玉之好。

玉乃白斯貴，製尤素是珍，
弗施華藻飾，足高琢進淳，
贈也宜僧紹，擊哉鄙季倫，
設云祝如意，意以執為因。

又〈詠和闐白如意〉：

玉雖具五色，自以白為珍，
詎是絲堪染，況非土與陳，
指揮代言語，興息慪精神，
意者心之發，能澄發所因。

乾隆禪位時，在許多貝勒中傳位給嘉慶，與嘉慶的名字——顒琰有關。顒——嚴正的樣子，具有皇帝的威嚴。琰——頭上尖形的圭。圭即上尖下方的玉，國有大事執之以為瑞信之物，故亦稱之為瑞玉。形式大小因爵位身分的不同而有差異。天子所持者謂之「鎮圭」，故而乾隆將皇位傳於——顒琰，這或許是愛玉的巧合。因其名字中有「琰」字，非但含有美玉的堅貞，而且也是帝王所必備之「社稷吉祥玉」。

又《舊制》社稷春秋常祀用玉，禱祀則否。乾隆三十四年，會天旱禱雨，諭曰：「玉以庇陰嘉穀，俾多免水旱偏災，特敕所司用玉將事。」自此以為恆事。

清以來春秋兩祀，天子祭社稷要用玉，禱祀則不必用。乾隆三十四年則下昭令：「玉是用來庇蔭五穀嘉禾，可免水旱天災。」故禱祀也要用玉，是起於乾隆年間，從此以後，成為慣例。

於此可見，乾隆對玉的寵愛遠超過一般天子，而清代玉器的發展，在乾隆時代，已留下輝煌的記錄。

第三節　清代後期玉器之發展
（嘉慶～宣統，1796～1911）

白玉的光華，在乾隆時代，已大放異彩，乾隆的兒子嘉慶，繼承帝位時，宮中的種種玉器，已多到幾乎氾濫的地步，但嘉慶不像乾隆那樣深愛各種玉器，於是清代玉器在極盛之後，稍稍有消褪的跡象。儘管宮中的玉器不再增加，但民間好玉愛玉之風，仍然不減。清朝在百數十年間，已奠定了豐厚的基業。至此民間在太平天子的德澤之下，過著富庶的生活，於是民間藏玉、抱玉之象，也就普遍起來。玉器的流行，已成為縉紳富裕之家日常生活的一部分。如士大夫之宅第、服飾無玉，就如同無衣，不夠完備。缺乏玉的知識，也無法進入上等社會的言談。

據《清實錄》的記載，乾隆所傳下的玉器，多到無處堆積，當時嘉慶曾下詔嚴禁內外大臣呈進貢物，特別是玉器古玩等，尤為禁止。嘉慶四年正月上，曾下諭旨二道：

> 皇考硃筆有嚴禁內外大臣呈進貢物。

又曰：

> 皇考雖屢經禁止，仍未杜絕，試思外省備辦玉銅甆，書畫插屏掛屏等件，豈皆出自己資，必

下而取之州縣，而州縣又必取之百姓，稍不足敲朴隨之，以閭閻有限之脂膏，供官吏無窮之朘削，民何以堪！而以奇貨視之可乎？國家百數十年來，昇平昌阜，財富豐盈，內府所陳設物件，充牣駢羅，現在幾無可收貯之處。且所貢之物，斷不勝於大內所藏，即或較勝，朕視之宜如糞土也。

嘉慶、道光以來（1796～1850），由於帝王不特別珍愛玉器，也許是物多而賤所致，宮廷玉器的使用量雖仍很大，但其生產已不如乾隆時期之盛，雕工的藝術水準亦大不如前，走上衰退的階段。然而民間的玉工雕刻，卻承接宮廷玉工的技巧並精益求精。

到了咸豐、同治(1851～1874)以後，宮廷玉工所作玉器，雕工隨便，且濫施吉祥圖案，只是藉此類玉器，粉飾太平而已。

光緒時期(1875～1908)，緬甸和雲南等地的翡翠大量輸入，使清代玉器，又進入另一個新境界。雲南至緬甸北部蘊藏的輝玉(JADEITE)即翡翠，進入中原，玉材上的變化，使玉器的發展得到新生命，開拓了玉器發展史的新機運。慈禧太后尤為鍾愛翡翠，和闐白玉獨尊的時代已然不再，繼之而起的是彩玉時代。

所謂翡翠，郭璞〈遊仙詩〉曾云：「翡翠戲蘭苕，容色更相鮮。」翡翠鳥在蘭花、苕花之上嬉戲的情景，鮮明的對照，更顯得燦爛奪目。因此「翡翠蘭苕」為後人常用之成語，比喻美上加美之意。翡翠本為水鳥名。羽有翠綠和翡紅。明李時珍《本草綱目》云：

《爾雅》謂之鷸，出廣交，南越諸地，飲啄水側，穴居。生子亦巢於水，似水狗稍大，或云

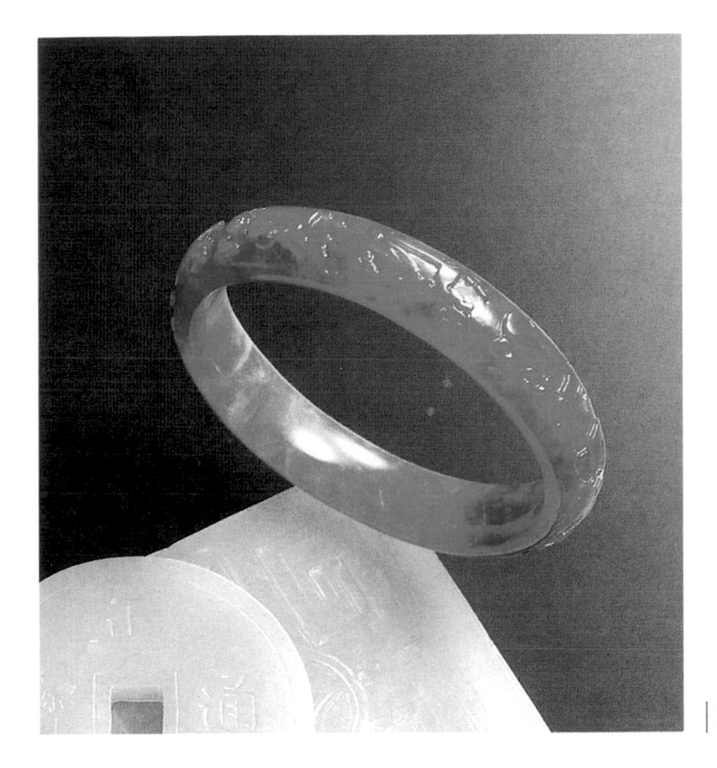

玉浮雕福壽鐲

翠玉環

玉質的環，也是楊貴妃的小字。但在白居易「高星粲金粟，落月沉玉環」詩中則喻指明月。

翠」相稱。它們都從「羽」部，而非「玉」旁，相信是借「翡翠鳥」的顏色來形容玉。

由於慈禧太后的偏愛，宮中官員的極力討好進獻，翡翠成為宮廷后妃最喜佩戴的首飾。從慈禧所穿戴的玉簪、玉珠鍊、玉扁方、玉手鐲、玉馬鞍戒指等，到王公大臣們的朝珠、帽正、玉印、翎管、玉扳指、鼻煙壺，都是以翡翠為主要的材料。於是「翡翠」成為玉器製作界的新寵，至今不衰。至於最負盛名的「翠玉白菜」還是光緒皇后的嫁妝呢。

這些珍品除了在臺北國立故宮博物院以及歐美各大博物館能見到之外，每年的「蘇富比」與香港太古「佳士得」兩大拍賣會所拍賣的那些翡翠玉器，比之故宮典藏，真有過之而無不及，原因不外以下幾點：

(1)八國聯軍攻打北京時，洋人搶掠了宮廷中部分精品，流落海外，如今又輾轉回到香港來拍賣。

(2)宣統溥儀退位時，宮中太監大量的自宮中盜出販賣獲利，以求生活的保障。

(3)滿清八旗子弟，平時不事生產，隨清朝之結束，也失去了日常揮霍的來源，唯有變賣家當度日。

由於上列因素，在鼎革動亂之世，宮廷的玉器大量流落民間，而香港向有東方明珠之稱，對玉器的製作及買賣，成為最大宗的交易站。

任何一個朝代如果過於奢侈，必定走向衰亡的道路，從劉大同所著《古玉辨》中可知用玉切不可過奢，過奢會導致國家的敗亡，例如：

> 三代帝王每用玉過奢以致亡國，就夏桀玉床，殷商玉杯，即可知。紂之自焚時，猶佩件五千多，武王得紂之寶玉萬四千，佩八千，足徵過奢者，國必亡。

文中又述劉氏本人在庚子之亂後，在俄史館見西太后所用的白玉浴盤，長約七尺，闊約三尺餘，高約二尺六寸，厚約六寸。白玉花瓶十對，高約尺餘。白玉花籃十六對，高約二尺。質地、刀工、無一不精巧。又在英、法、德、日史館見珠花、翠花，都是以白玉花盤為襯底，筆不勝記。而外（洋）人還得意的告訴劉大同，均屬西太后御用之品。劉氏返家後，語其友人，西太后奢華，用玉過度，不輸給桀紂，大清國基必然動搖。

古之君子必佩玉，是為「比德」，而非為嗜好。以上的例子，實為我們的借鏡。在擁玉、抱玉、愛玉、惜玉之餘，也理應存比德之心，以免步入奢侈之道而自毀。

我們在惋惜歷史文物的失落之外，同時也應該感謝國立故宮博物院的工作人員們。他們在烽火戰亂之中輾轉流徙，猶不遺餘力的維護國家文物，使中華傳統文化賴以保存，讓我們今天到故宮，仍可以觀賞到歷史的遺跡，文化的源流。它更是一個歷史文化、藝術知識的寶庫，不但給後進學者們提供了許多寶貴的史料，同時也記錄了中華民族歷史上最光輝燦爛的一頁。

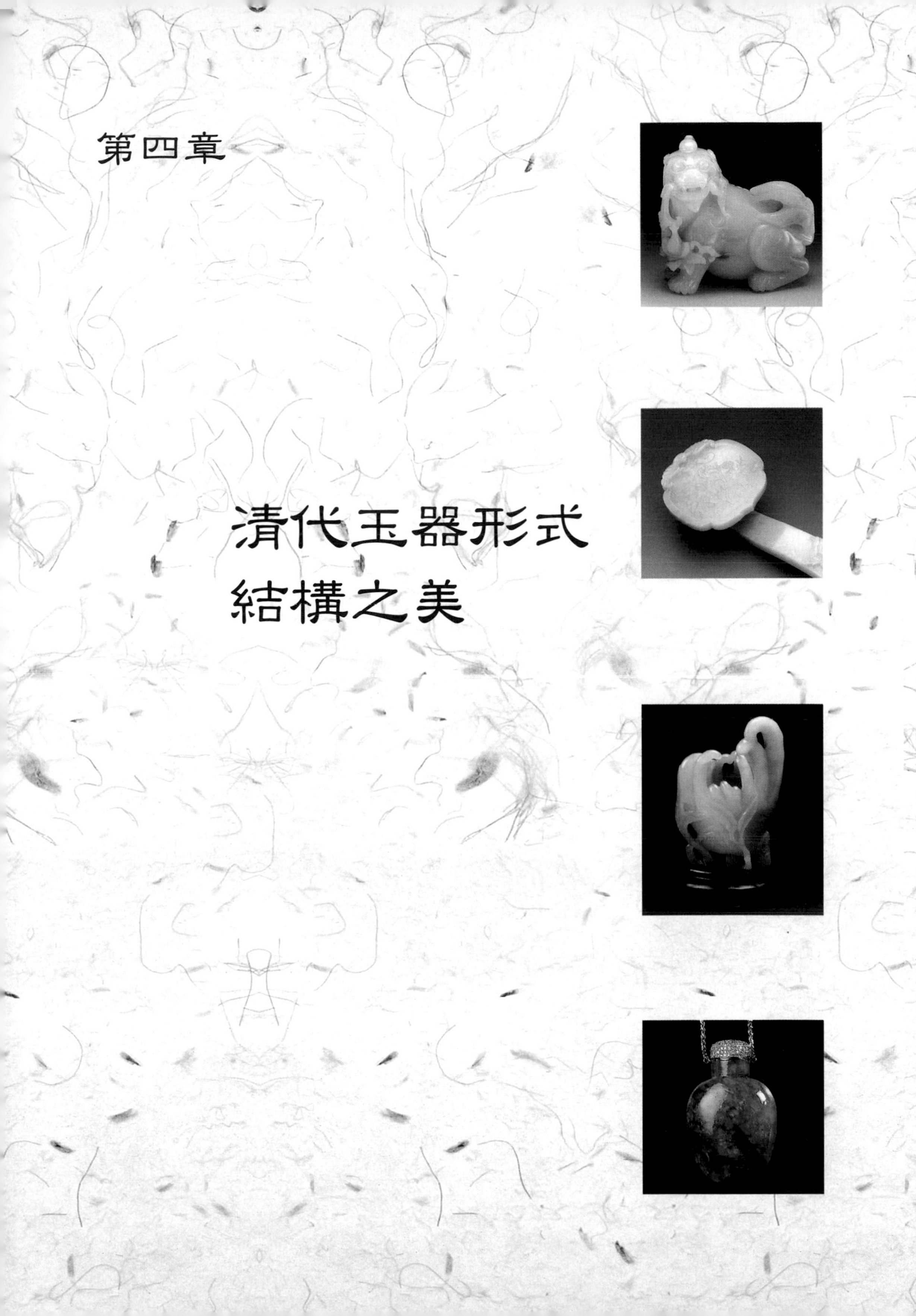

第四章

清代玉器形式結構之美

天地之大，山川之美，人類往往粗心而忽其存在。其實一草一木，一水一石，就如陸機的〈文賦〉所說：「石蘊玉而山輝，水懷珠而川媚。」乾隆御製詩也以此句入詩。可知大自然之涵蘊，受日月之精華，除了玉石之外，樣樣都是天地之傑作。

玉石有各式各樣不同的形態和紋路，由於玉材的珍貴，凡玉匠都知道「因材施藝」，以免糟蹋美材。各式各樣奇形怪狀的玉材，促成多變化的創作內容。德國詩人歌德說：「美是反映人自由創作形象。」而玉石更能滿足雕刻家追尋自由的創作空間。每一塊玉石對玉匠而言，都具有無窮的挑戰性和引發靈感的魅力。所以我們研究清代玉器之美，先從形式結構入手，一窺玉工處理玉石的用心和構思。

玉器的外形，大約可分下列數類 ：

(1)動物類

(2)植物類

(3)山水人物類

(4)文房四寶類

(5)文人雅集類

(6)廟堂供器類

(7)服飾器具類

玉器到了清代，應用日廣，幾乎與日常生活密切結合在一起，與人們息息相關。今大致就玉器的外觀來分類，也許與一般學者的分法不盡相同，但見仁見智，各有千秋。

第一節　動物類

故宮所收藏的玉器之中，動物類的玉雕種類繁多，美不勝收。例如：玉虎、玉牛、玉犬、玉駝、玉鵲、玉雙鳳、玉雙貓、玉臥鶴、玉臥羊、玉雙馬、玉三羊、玉雙鵪鶉、玉馬上猴、玉海馬負書、玉麒麟吐書、玉太平有象、灰玉魚龍等。從玉質、玉澤、玉色、玉貌來觀賞，莫不內斂光華，而外生清輝，天地之大之美，盡在掌握之中，使後人見其形像之美、神態之美，極為傳神。以上各種玉器分藏於臺北與北京兩地故宮博物院中。今試舉其中精品數件論之。

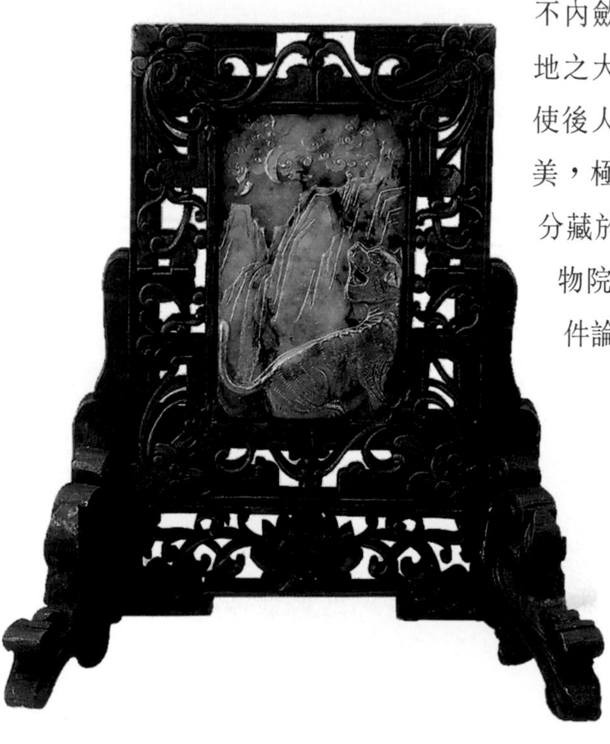

巧色虎嘯玉屏

〈河圖握矩記〉：「令訾」野中有玉虎，晨鳴雷聲，聖人感期而興。

白玉辟邪

青玉魚形蓋盒

玉臥牛與童子

以乾隆御製詩所品題的〈玉馬〉為例：

君子之方君子德，嗅人所攻圉人職。
爾雲逐電飛不翼，四蹄曲臥於焉息。
瑞占地產豈虛飾，即看天馬徠西極。
英英汗作桃花色。

歷代詠馬的詩很多，例如《詩經・魯頌・駉》就是馬頌，提倡尚武的精神。漢樂府〈十九章之歌〉，就有一首〈太一況〉，而〈天馬徠〉也是詠西域的大宛馬從天而降。乾隆的〈玉馬〉引用了有關馬的典故，同時又把玉馬的形狀，加以描繪，可知這是匹臥馬，在圉人的呵護下，是匹精神奕奕的桃紅紫騮馬。而玉工設色之美，至為生動。

又如〈詠玉駝〉：

拳足昂頭曲肖奇，土華璘𦃇卯金遺。
詎同唐帝過街日，疑共明君出塞時。

〈木蘭詩〉：「願借明駝千里足，送兒還故鄉。」駱駝是塞外主要的交通工具，所謂明駝，唐段成式的《酉陽雜俎》曾謂是黎明即起的駱駝。從這件玉駝，乾隆聯想到唐朝長安大街，駱駝往來的景象；又聯想起漢代王昭君出塞時所乘坐的駱駝。這些豐富的聯想，都是來自單一神態的玉駝所引發出的美感。

紫玉雙臥馬
《明皇雜錄》言唐明皇的御馬有「玉花驄」，「照夜白」等名馬。杜甫〈丹青引贈曹將軍霸詩〉：「先帝天馬玉花驄，畫工如山貌不同。」〈聞見前錄・二〉記宋神宗的御馬名「玉逍遙」。

第二節　植物類

在玉器中，以植物形態為主題的比較少，多數附屬在其他玉件之上。如雕刻山水人物或文人雅集時，附帶刻些竹林、松柏、花草、樹木等。若以單件植物面貌呈現時，則以靈芝居多。如意的造形，便是以靈芝為主體，如意的頭部，玉工往往會刻上嘉禾靈鳥之類。靈芝是靈葉仙草，服之能長壽，自古以來，在中國人的心目中是吉祥的象徵。《文選‧班固‧西都賦》：「靈草冬榮，神木叢生。」李善注：「神木、靈草，謂不死藥。」

現存臺北、北京兩地故宮中收藏的如意玉器為數不少，如玉鑲嵌如意、玉龍鳳靈芝式如意、玉鑲嵌歲歲平安圖如意。

在「玉鑲嵌如意」首端，浮刻有梅花、萬壽花、靈芝等紋飾，如意柄刻有「吉祥如意」四字，尾端嵌有雲狀白玉。又「玉鑲嵌歲歲平安如意」一對，如意首端嵌有碧玉、瑪瑙等美石，以嘉禾、鵪鶉，構成豁朗素靜的圖像，象徵事事如意，歲歲平安。

如意玉器狀如靈芝，本用於搔癢，但刻成玉如意時，則搔癢的功能消失，而成為擺設之藝品，其造形之變化，隨玉工的巧思而定。

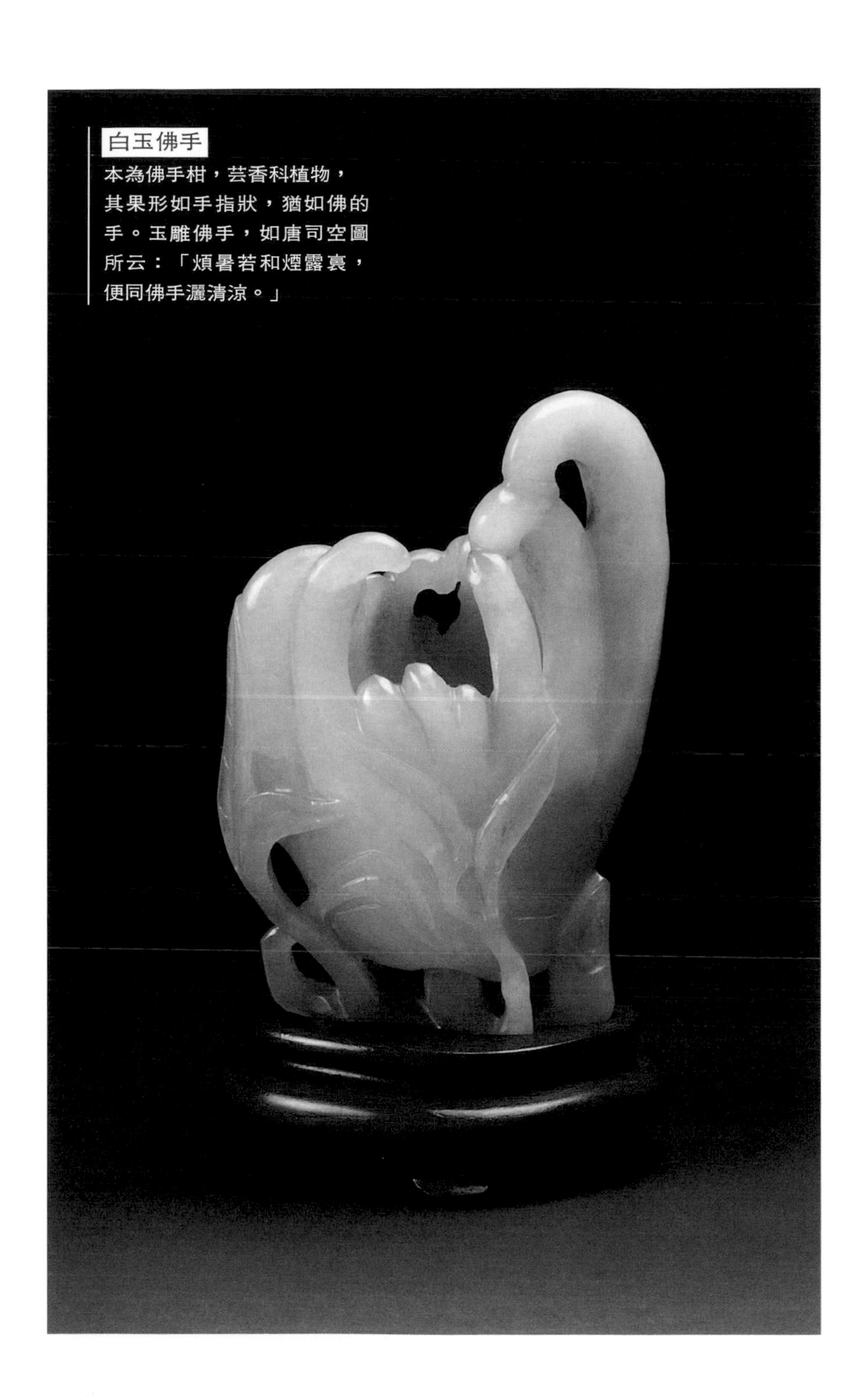

白玉佛手

本為佛手柑，芸香科植物，其果形如手指狀，猶如佛的手。玉雕佛手，如唐司空圖所云：「煩暑若和煙露裛，便同佛手灑清涼。」

青玉如意雙尊

白玉雲頭如意

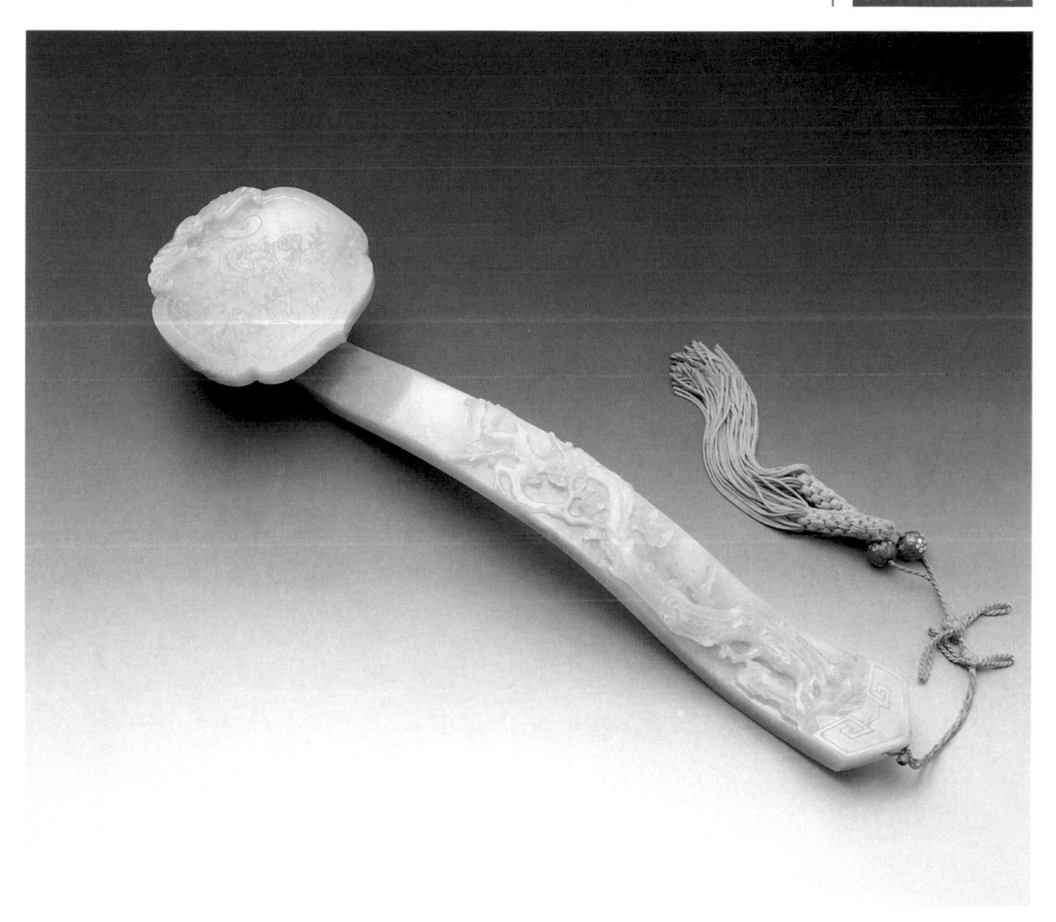

第三節　山水人物類

我民族性好自然，老莊崇尚自然，便是例證。《詩經・豳風・七月》：「七月流火，九月授衣。」寫農家一年的作息與田家自然的景色，是山水文學的伊始。屈原的〈九章〉中，有〈涉江〉、〈悲回風〉、〈懷沙〉等篇，寫其流放途中，自郢都至荊州，一路所見景色。如〈懷沙〉開端：「滔滔孟夏，草木莽莽……」江南景物，歷歷在目。東晉陶淵明(365～429)乃著名之田園詩人，其一百二十七首詩作中，如〈歸園田居〉五首、〈飲酒詩〉二十首、〈讀山海經詩〉十三首，均是歸隱柴桑後所寫。其文如〈五柳先生傳〉、〈歸去來辭〉以及《搜神後記》中的〈桃花源記〉，更是山水人物文學中的經典，傳誦久遠。比及南朝宋謝靈運的山水詩及北魏酈道元的《水經注》，始以山水為全篇詩文之主題。

在清人玉刻中，「山水人物」一項，不僅與我國的山水文學呼應，更與我民族愛好山水自然相結合。

清宮玉件中，以「山水人物」為題材者，就乾隆御製詩提及的有〈詠和闐玉桃源圖〉、〈和闐玉緩步歸廬圖〉、〈題和闐玉楓林停車圖〉、〈題和闐玉松亭延客圖〉、〈詠和闐玉丹臺春曉圖〉等。今舉數則為例：

（1）桃源圖

陶淵明的〈桃花源記〉，寫人間淨土的世外桃源，為世人所嚮往，尤其是「黃髮垂髫，並怡然自得」，是人人尋求的樂土。王維十九歲時曾作〈桃源行〉，末句云：「春來遍是桃花水，不辨仙源何處尋？」由「先人避秦」轉為「仙源」。今讀乾隆御製詩，便有兩首題桃源玉刻。其一是〈詠和闐玉桃源圖〉：

試問源中者，何人非玉人。
允堪稱太古，詎止避嬴秦。

耕鑿不知識，往來洽里鄰。
漁舟還欲返，己自是迷津。

又〈題和闐玉桃源圖〉兩首：

武陵漁父捨舟時，洞口幽深歎入遲。
數十步如罷行者，避秦樂趣冉由知。

黃髮垂髫總玉人，訝刀筆勝筆精神。
專諸市上多瓊玖，竊售率緣毀匱臣。

前首所題玉刻中的桃源人，各個是玉人，也是葛天氏、羲皇上人。他們無憂無慮，如老子所說的「小國寡民」老死不相往來。武陵人離開桃源後，一路做記號，但後來又去尋找，已是迷津，再也找不到了。

末首寫老者少者得其所哉，而年輕力壯者，更能適得其樂；詩末乃隱指駐回疆總辦——高樸，因盜玉而自毀前程，終遭殺身之禍。

乾隆的玉工藉桃源故事，暗示「古希天子」帶來百姓安樂，如同陶淵明所描繪的桃源勝境。山水人物之主題，在我國古代一再與天人合一的思想結合。這是中國美學的根源，影響後代的文學藝術、雕刻、繪畫至深。

（2）詠和闐玉丹臺春曉圖

層城豈必崑崙是，迴閣延臺總琢珉。
卻愛扶筇玩山水，無須閉戶守庚申。
空教紫氣騰爐火，不礙初陽伴曉君。

何惜地行塵外客，被他牟利者傳神。

從詩中可知玉器刻的是城臺樓閣，其中有道士煉丹。而乾隆認為無須煉丹守住好時辰，不如扶杖玩山水來得更逍遙，尤其是在春天的早晨。

（3）題和闐玉楓林停車圖

紅於二月楓林景，飛作幻春非減春。
杜牧之方裴叔則，也應一例為玉人。

晚唐杜牧有〈山行〉詩，詩中擅長使用顏色字，多紅艷青綠的字眼，構成熱鬧穠艷的場面。杜詩云：

遠上寒山石徑斜，白雲深處有人家。
停車坐愛楓林晚，霜葉紅於二月花。

杜牧的〈山行〉給予玉工靈感，刻下「楓林停車圖」，並將詩句中的境界變成玉器中的山水人物。乾隆對杜牧詩，極為偏愛。前二句等於濃縮了杜詩的涵義，末了則讚賞杜牧可媲美晉代裴楷（字叔則），都是「玉人」。

第四節　文房四寶類

文房四寶是文人書齋必備的器具。四寶指筆、硯、紙、墨。其實除了這四種之外，還有水洗、筆架、筆筒、文鎮。凡是書齋的用具，都可以稱為文房四寶。

古人講究文房的設備，甚至用玉器作為文具的材料。一方面用最精美的器材，所謂：「工欲善其事，必先利其器。」另一方面在讀書之餘，也可鑑賞文具的精巧，增加讀書生活的情趣。

清宮所收藏的文房四寶玉器，在御製詩中，有〈題宋宣和紫玉硯〉、〈青玉案〉、〈題痕都斯坦玉荷葉洗〉、〈詠和闐玉竹林七賢圖〉、〈題宋端石鳳池硯〉、〈題和闐玉雲瀑飛檣筆筒〉、〈題和闐玉竹溪六逸筆筒〉等。

（1）詠烏玉硯

不冰雖足用嚴寒，受墨終須遜舊端。
應寄香山白少傅，陸機文讀試燒看。

烏玉硯光滑玉潤，受墨較難，遜於一般之硯臺。但玉硯畢竟是名貴的硯臺，應讓唐代詩人白少傅居易，或者晉代文人才子陸機，用烏玉硯

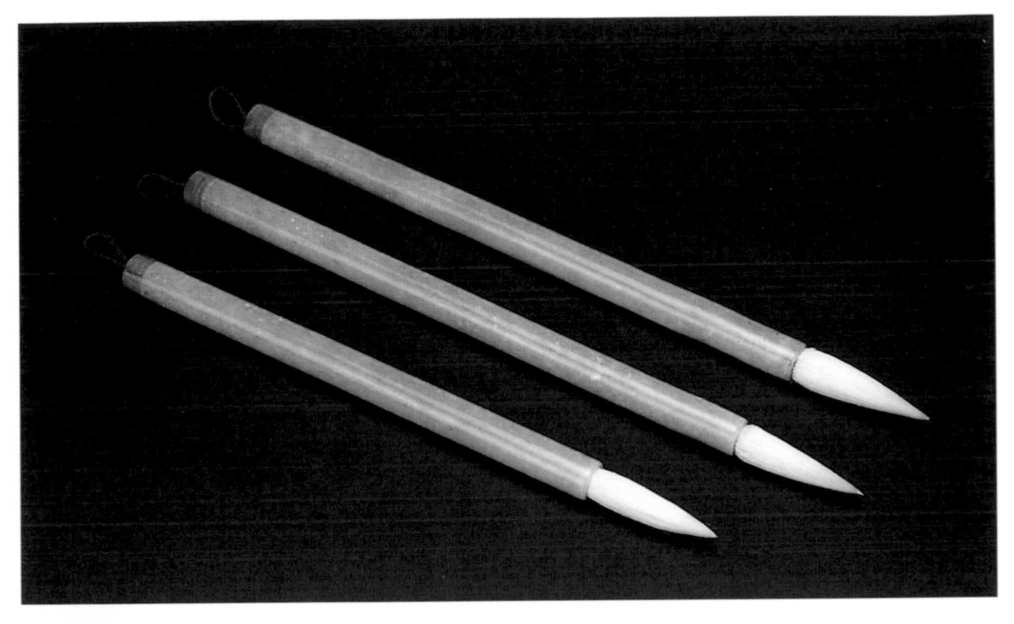

玉筆

白玉荷葉洗

紫玉筆筒

翠玉荷葉筆洗

才能夠寫出更華采的傳世詩文。

（2）竹林七賢圖筆筒

在文房四寶中，以文人雅集為題材的有「竹林七賢圖筆筒」。竹林七賢是建安七子之後的文人，時當正始，正始為魏的年號。建安七子的文學作品中，較多地表現出儒家思想，如《文心雕龍‧明詩篇》所說：「慷慨以任氣，磊落以使才」，是文人對時代的抗議，表現青年人的才氣。竹林七賢繼建安七子之後，作風卻與之相反。他們因時代的離亂，隱逸山林酒國之中，是我國隱逸文學的開始。不問政治，歸隱山林，追求適志的生活。他們是阮籍、嵇康、山濤、向秀、劉伶、阮咸、王戎等七人，崇尚老莊思想，輕禮法、避塵俗，常集於竹林之下，肆意飲酒，時人稱「竹林七賢」。

乾隆御製詩有〈詠和闐玉竹林七賢圖〉云：

> 賓主何須分不分，琳瑯叢裡總微醺。
> 別峰二客如相隔，隱寓顏家詠五君。

「玉竹林七賢筆筒圖」，收藏於北京故宮，高八釐米，口徑一九‧五釐米，足距六釐米，整個筆筒用碧玉雕成，以深雕法琢一山亭，四周竹林密布，其中人物或坐或立，或提筆書寫，作山林隱逸之狀，以合竹林七賢之意旨。

（3）題和闐玉竹溪六逸筆筒

> 玉工祛俗樣，六逸繪傳唐。
> 二客似曾識，四人則久忘。

山林恣遊佚，詩酒樂相羊。
五字詠玉器，八仙異杜章。

《新唐書．文藝傳．李白》記載竹溪六逸的事蹟。六逸是指唐代天寶年間，孔巢父、李白、韓準、裴政、張叔同、陶沔等六人，在山東省泰安府徂徠山下之竹溪結社，詩酒流連，傳為文壇佳話，時稱竹溪六逸。

乾隆見竹溪六逸玉器，對唐代李白、孔巢父等特加尊崇。竹溪六逸為隱逸之士，比諸杜甫之〈飲中八仙歌〉多為官宦之家，差異極大，亦另有一種對比之意趣。

文房四寶，乃文人日夜親澤，時時為伍的良伴。以玉器所製作的文房用具，可謂雅中至美，增添不少寫作的情趣。

第五節　文人雅集類

文人雅集，在文學中佔有一席之地，古代詩人多利用春秋佳節聚首交誼，作詩吟唱，於是留下不少的風流佳話。例如王羲之的〈蘭亭集序〉、李白的〈春夜宴桃李園序〉、東坡的〈赤壁賦〉等，都記載了當時的文人雅集。

清宮玉器中這類作品也不少，觀御製詩中有〈詠和闐玉竹林七賢圖〉、〈詠和闐玉會昌九老圖〉、〈和闐玉鏤東坡後赤壁賦圖〉、〈詠和闐玉妻梅子鶴圖小屏〉等作可知。這些雕刻文人雅集故事的玉器，其美感與美感來源已不僅僅是形式的，它並且具有歷史意識之美。如葉朗在《中國美學發端・緒論》中所說：「一部美學史，主要就是美學範疇、美學命題的產生、發展、轉化的歷史。」文人的活動是歷史的一部份，文人的聚會，也是創作的泉源，他們相互激發靈感，歌詠出對大自然與人情的讚頌。

（1）詠和闐玉會昌九老圖

唐代白居易在武宗會昌五年(845)三月二十四日，時年七十四歲，在洛陽履道坊家中宴請六老，胡杲年八十九、吉皎年八十六、劉真年八十二、鄭據年八十四、盧貞年八十二、張渾年七十四，皆多年壽，連他自己合成七老會，並且每人賦詩一首，以記其盛。白居易有〈七老會詩〉

會昌九老圖（北京故宮博物院）
乾隆年製，青色的玉質。山頂部份刻有「古稀天子」圖印。

並序：

> 胡、吉、劉、鄭、盧、張等六賢，皆多年壽，余亦次焉。偶於東都（洛陽）敝居履道坊，合成尚齒之會，七老相顧既醉且歡，靜而思之，此會希有，因各賦七言六韻詩一章以紀之，或傳諸好事者，會昌五年三月二十四日，於白家履道宅同宴，宮罷賦詩，時秘書監狄兼謨、河南尹盧貞，以年未七十，雖與會而不及列。

> 七人五百八十四，拖紫紆朱垂白鬚。
> 手裡無金莫嗟歎，尊中有酒且歡娛。
> 吟成六韻神還壯，飲到三杯氣尚麤。
> 嵬峨狂歌教婢拍，婆娑醉舞遣孫扶。
> 天年高過二疏傳，人數多於四皓圖。
> 除卻三山五天竺，人間此會更應無。

同年夏天，又有二老，歸洛陽，也來參加七老會，二老即洛中遺老李元爽年一百三十六，歸洛僧如滿年九十五，白居易又作〈九老圖詩〉並序：

> 會昌五年三月，胡、吉、劉、鄭、盧、張等六賢於東都敝居履道坊，合尚齒之會，其年夏，又有二老，年貌絕倫，同歸故鄉，亦來斯會，續命書姓名年齒，寫其形貌，附於圖右，與前七老，題為九老圖，仍以一絕贈之。

雪作鬚眉雲作衣，遼東華表鶴雙歸。
當時一鶴猶希有，何況今逢兩令威。

《新唐書・白居易傳》亦記此事。

清乾隆年間，玉工雕刻會昌九老圖，玉料重約八百三十二公斤，僅次於「大禹治水圖」玉，為宮廷主要的大型陳設品。「九」是陽數，象長久之意。乾隆命雕九老圖，並用白居易詩韻賦詩一首〈詠和闐玉會昌九老圖〉唱和白詩，前後相距千年，誠為千古佳話。

和闐質寫會昌讌，雅稱皤然眉共鬚。
七益二來成九數，三山五竺擬多娛。
秘書府尹歲未至，李老滿公格略粗。
我亦祝釐鴛集侶，獨嘉賡韻鹿為扶。
贏其翰墨徒成畫，視此琢磨重作圖。
欲問清通裴叔則，玉人交此可能無。

（2）詠和闐玉妻梅子鶴圖小屏

北宋詩人林逋，字君復，錢塘人，隱居西湖孤山，達二十年之久，工於行書，又喜為詩，終身不娶，所居之處遍植梅花，養鶴以自娛，因有「梅妻鶴子」之稱，卒諡「和靖」先生，著有《和靖詩》三卷。

乾隆御製詩中〈詠和闐玉妻梅子鶴圖小屏〉：

孤山處士勝蜀客，不上君王封禪書。
試向白駒章句覓，其中非玉更誰如。

這塊玉屏，以林逋隱居孤山的情景作主題，詩中讚美林逋不受君王之召辟，而以梅妻鶴子的隱逸生活自娛，乾隆稱讚他有如玉人般高潔。

今日孤山仍為西湖名勝；孤山下，清朝放置七部《四庫全書》之一的「文瀾閣」依然聳立；放鶴亭仍舊是林逋的古蹟。

邱師燮友於一九九〇年二月率高雄古典詩協會到杭州，與杭州大學師生交流，曾賦詩一首〈孤山訪古念同遊〉：

朱梅遍植半山邱，湖上初情好逗留。
西冷石痕春應在，東窗笛弄志難酬。
文瀾閣外漁歌遠，放鶴亭中詩句浮。
只恐歸來人散後，臨風何處憶同遊？

這是文人雅集盛事，也是非官方的兩岸文化交流，如果有玉工將此事雕刻於器物之中，足可媲美古人。

第六節　廟堂供器類

清宮中，廟堂的玉質供器，多用於佛教祭祀之用。在寧壽宮中，乾隆設有梵華樓，是供奉佛教的佛塔。乾隆篤信佛教，在佛寺廟堂裡的供器尤多，比祭祖時在宗廟的供器尤為精緻。宮中的佛堂、佛像、供器，大部份是乾隆時期所增設的。從玉像的造形及供器來看，都帶有濃厚的密宗色彩。例如：白玉女身佛像、十八羅漢玉手串、玉杵、玉鈴等法器，玉爐、玉蠟臺一對、玉插花一對所組成的玉五供、玉七珍（又名七寶）、玉八寶（又稱八吉祥）、玉刻的心經鉢，以及白玉七佛鉢等。

（1）題和闐玉七佛鉢

乾隆御製詩中有〈題和闐玉佛鉢〉：

帝青石鉢日休詩，開元寺藏久然疑。
因以伽楠重肖刻，佛號佛偈明鐫題。
無號為空稱號有，有空於佛胥弗取。
乃今並偈各註明，此義與佛差別否。
復因木脆玉實堅，圖堅一再琢和闐。
豈佛愈去斯愈遠，七佛無語笑輾然。

玉五供 （北京故宮博物院）
和闐玉五供，玉材為青玉。五供是佛前供器，一爐、二燭臺和二花觚所組成。圖案由獸面紋、蕉葉紋、雲紋、「卍」壽、「蝠」壽等組成，都附有掐絲琺瑯座。

白玉菊瓣紋香爐

白玉羊紐香爐

乾隆二十二年，南巡到蘇州，見開元寺所供之佛鉢，上刻有七佛，毗婆尸佛、棄佛、毘合婆佛、拘樓孫佛、拘那含佛、迦葉佛以及釋迦牟尼佛，通稱「過去七佛」。《法顯傳》記載：此佛鉢出自古印度，佛祖曾用它吃齋，後傳入中原。當時是迦楠香木所製，乾隆恐其易脆，而改用白玉仿刻，並題詩以記其事。

（2）和闐玉達摩面壁圖

幾千年隱玉河濆，一旦人間色相分。
無意之逢相面識，不知者謂用功勤。
壁為前任月為後，蒼寫山留白寫雲。
一葦西還自了了，那期五祖法傳紛。

達摩為天竺禪宗二十八祖，南齊武帝永明四年(486)東來中國傳法，寓止於嵩山少林寺，面壁而坐，九年之久，終日默然，人莫之測，謂之壁觀婆羅門。

達摩面壁圖是用巧色玉所雕刻的，壁在前而後有月，青色玉為山，留白處為雲，可謂供器中之精品。

另一件玉鏤達摩面壁，是件精巧細緻的玉雕。乾隆御製文集有〈玉鏤達摩面壁贊〉便指的這件玉器。贊曰：

渡江一葦，面壁九年，何遲何速，法爾如然。
古至一握，趺對以處，不窄不闊，全身裏許。
玉工琢玉，思肖達摩，汝卻是誰，知麼知麼。

此贊達摩一葦渡江，面壁九年，非尋常僧侶所能為。玉雖小僅一握，造意之美，就玉材而設巧，堪稱巧奪天工。

（3）玉刻心經鉢

北京故宮藏有乾隆玉刻心經鉢，高八・六釐米，口徑一〇・九釐米，座臺九釐米，以碧玉雕成，鉢外刻滿填金「般若波羅蜜多心經」。

其他精巧的佛堂供器，器物不大，但設計精巧。如十八羅漢玉手串，每顆佛珠雕成一座羅漢，以紅瑪瑙珠分列其間，求其顏色排列組合之美。又如十二生肖，以獸頭人身十二屬相，做為每一生肖的守護神。清代趙翼《陔餘叢考》提及：十二生肖是始於東漢，也稱「十二支神俑」。

其次，有一件金、元時代的古玉甕，輾轉流落民間，淪為廟中的醬缸。《清詩紀事（八）・乾隆朝卷・自序》：

> 玉有白章，隨其形刻為魚獸出於波濤之狀，大可儲酒三十餘石，蓋金、元舊物也，曾置萬壽山廣寒殿內，後在西華門外真武廟中，道人作菜甕，見《輟耕錄》及《金鼇退食筆記》。命以千金易之，仍置承光殿中，而繫以詩。

詩云：

> 惜乎古器就煙滅，有如獻璧連遭刖。
> 刮苔滌垢露光晶，天然豈用施劘劂。
> 波臣水族群躚跜，夏鼎秦丁難撓扣。
> 承光相望接堆雲，人有懷歸物豈不。
> 信哉安得如汝壽，漢京銅仙應愧絕。

又徐珂《清稗類鈔・鑑賞類》：

> 承光殿南，乾隆乙丑建石亭，置元代玉甕……至元乙丑告成，敕置廣寒殿，後屢易代，廢至某道元中為醬瓿。工部侍郎三和善鑒古物，於道院見之賤價贖歸，進上，仍置故處，高宗御製至甕歌且命廷臣序和，以紀事。

古甕經刮苔滌垢後，露出原有的風貌，至賤的菜甕一變而成為宮廷珍貴的鑑賞品，經乾隆題詩以記其事。這一度淪為醬缸的金、元朝代的古玉甕，若非機緣巧合，被工部侍郎三和發現，加以三和精通古物鑑賞，否則又有誰能認識它的價值呢？

第七節　服飾器具類

自古以來，玉被廣泛地用做各種服飾佩件。在《詩經》中寫玉和服飾的歌謠，也很普遍而傳神，如國風中的〈著〉：

俟我於著乎而，充耳以素乎而，尚之以瓊華乎而。
俟我於庭乎而，充耳以青乎而，尚之以瓊瑩乎而。
俟我於堂乎而，充耳以黃乎而，尚之以瓊英乎而。

《詩經》中的男子用的充耳，有素色的瓊華、青色的瓊瑩、黃色的瓊英。用玉作服飾，周代男女已極普遍。漢樂府〈羽林郎〉有「頭上藍田玉，耳後大秦珠」之句，形容胡姬頭上的玉飾和玉耳環；〈陌上桑〉有「頭上倭墮髻，耳中明月珠」形容羅敷耳中的玉環。清人佩玉更為廣泛，如男子帽上的帽正、朝珠、翎管，衣帶上的環扣、玉佩、扳指，身上帶的香囊、鼻煙壺、多寶串等；女子裝飾用的玉件最常見的有玉簪、玉如意簪、扁方、玉墜、耳環、玉指套，以及玉環、玉扣、胸針、玉珠鍊等飾物，還有喜慶用的鳳冠霞帔上的玉飾更為複雜華麗，真是琳瑯滿目。這些日常的小件玉器，給人們生活中平添幾分情趣和美感。

至於器類，主要是供皇室和貴族使用。就以飲食器一項而言，多數是茗茶和飲酒時所用，以及用餐時成套的餐具。如和珅抄家時的玉器清

翠玉煙壺

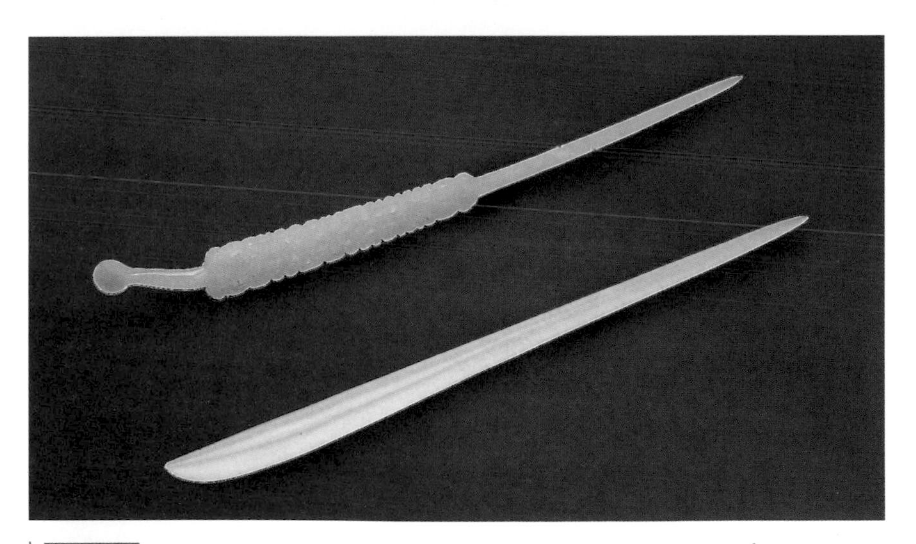

白玉簪

首飾，用以束髮，又叫玉搔頭，韓愈〈送桂州嚴大夫〉詩：「江作青羅帶，山如碧玉簪。」又陸游〈園中觀草木有感〉詩：「木筆枝已空，玉簪殊未花。」

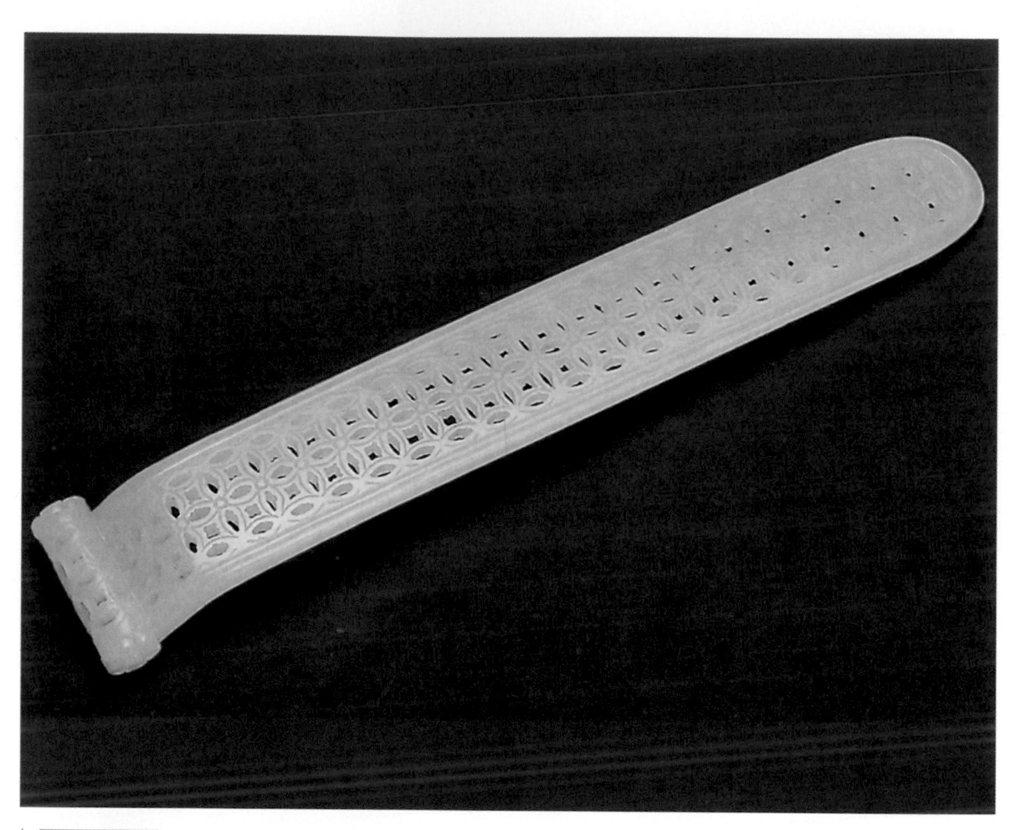

白玉扁方

扁方頭飾，為旗人女子特有的首飾。

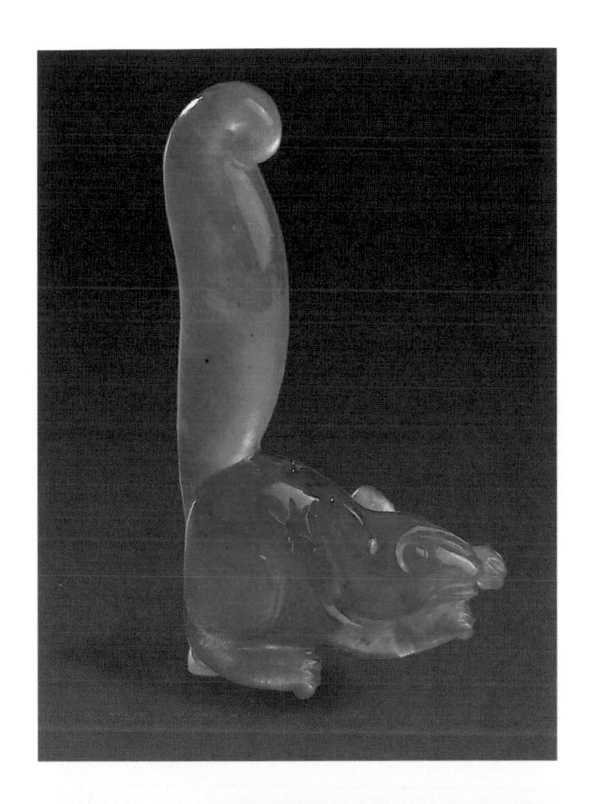

菊瓣玉茶壺

白玉壺

「一片冰心在玉壺」。歷代詩中有玉壺的還有李白〈玉壺吟〉：「烈士擊玉壺，壯士惜暮年。」鮑照〈白頭吟〉：「直如朱絲繩，清如玉壺冰。」李商隱〈深宮詩〉：「金殿銷香閉綺籠，玉壺傳點咽銅龍。」

白玉碗

單上，就有玉碗十三桌之多。乾隆皇在金鑾殿宴賜群臣以奶茶所用的玉碗，上嵌紅寶石的小花朵，更是精美絕倫。乾隆御製詩〈詠和闐白玉碗〉：

水磨天方巧，專諸未足論。
輸誠從遠域，嚮禮佐臨軒。
看去有花葉，撫來無跡痕。
雖云酬厚往，名誠意恆存。

他所題的白玉碗，便是在金鑾殿上宴請群臣喝奶茶所用的玉碗。「看去有花葉，撫來無跡痕」，可見玉碗嵌鑲之工巧，自然而無匠痕。

至於擺設用的傢俱，是用硬木做框架，再將各種玉器組成圖案，以仕女、人物、花卉鳥獸等造形，嵌鑲於架上，成為藝術品。常見的有玉屏風、掛屏、床、榻、桌、椅等，甚至皇帝的寶座，更是宏偉壯麗，非一般居室的擺設所能相比。

「玉蚩尤合璧連環」：蚩尤環為仿古代新石器時良渚文化蚩尤環而製，清代宮廷製造蚩尤環，採用青玉、碧玉、白玉為材，然後把環從中間剖開，變成兩個相套的薄環，兩環又於剖面製榫，可一分為二，又可合二為一。乾隆御製詩〈詠開合玉環〉：

合若天衣無縫，開仍蟬翼相聯。
往復難尋端尾，色形底是因緣。
乍看玉人琢器，不殊古德談禪。
霧蓋紅塵溫句，可思莫被情牽。

乾隆盛讚此玉工巧之妙，「合若天衣無縫，開仍蟬翼相聯」，並從中悟出禪理，當分則分，當合則合，切莫墮入紅塵，為情所困。一國之君，當以國事為重，不能因兒女私情而疏忽朝政，清代乾隆之所以鼎盛，必然有他的道理。

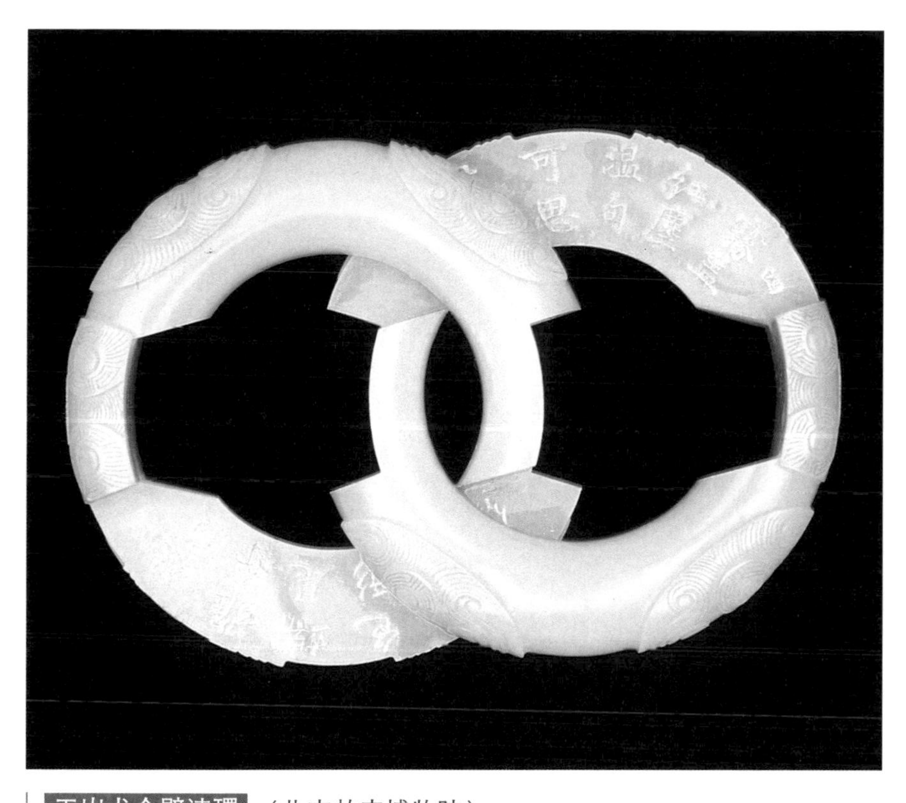

玉蚩尤合璧連環（北京故宮博物院）
白玉連環形，兩環互套，可錯可合，環外雕有蚩尤首及變形獸面紋，環內刻有詩句。四合榫處分別刻有「乾」、「隆」、「年」、「製」四個字。

第五章

清代玉器內容涵義之美

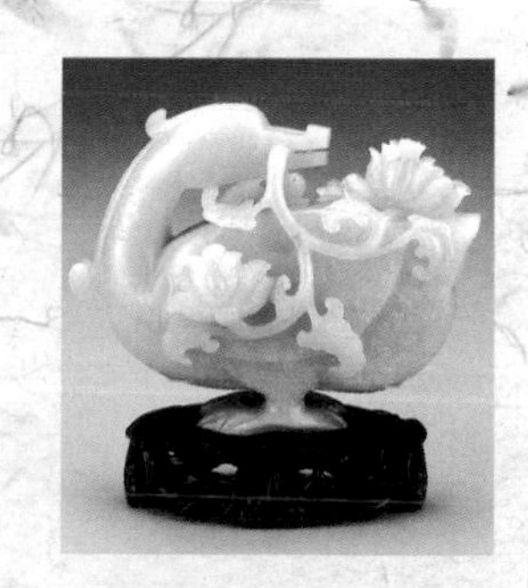

第一節　諧音之美——雙關語之美

在中國文學中，北方文學較少出現雙關語的使用，南方的作品則有較多雙關語。《詩經》、《楚辭》中就有雙關義的使用，例如〈桃夭〉以桃花暗喻新娘、春天，〈離騷〉則以香草美人喻君子。較早使用諧音雙關語的，在文獻資料中見《漢書・匈奴傳》，其中有一首匈奴歌：

失我焉支山，使我婦女無顏色。
失我祁連山，使我六畜不繁孳。

「焉支」與「胭脂」同音。這是漢人佔領匈奴的焉支山，使匈奴的婦女無胭脂可化粧；佔領了祁連山（天山），使他們的六畜無處可放牧。這種諧音的民歌，深富情趣，以歌謠來抗議漢人佔據他們的土地。

到了南朝吳地的民歌，雙關語大量使用，形成文學中的特色，構成「吳歌格」，更見活潑，更增精彩。例如〈子夜歌〉：

高山種芙蓉，復經黃蘗塢。
果得一蓮時，流離嬰辛苦。

詩中的「芙蓉」是諧音「夫容」。黃蘗暗示苦心，「蓮」諧音

「憐」，憐愛之憐。嬰，吳地之方言，加之意。以上是異字同音的雙關語。

唐詩受六朝民歌的影響，使用「吳歌格」的記錄也甚多。例如：劉禹錫的〈竹枝詞〉：「東邊日出西邊雨，道是無晴卻有晴。」用「晴」來寫情感的「情」，也是異字同音。又唐朝溫庭筠〈新添楊柳枝〉：

井底點燈深燭伊，與君長行莫圍棋。
玲瓏骰子安紅豆，入骨相思知不知。

井底點燈——歇後語——深燭，又意指深深叮囑之意。長行——同字同音雙關語——比喻男、女交往相處，相愛長久。圍棋——異字同音——意即違背佳期。骰子安紅豆——歇後語——即入骨相思。這些雙關語的使用，有同字同音、異字同音以及歇後雙關語，把雙關語的使用，發揮得淋漓盡致。

清人的玉雕，由於工匠的巧思，將雙關語的奧妙，用在玉器的塑造上，借玉石的原有形狀及天然的色澤、尺寸的大小，使頑石脫胎換骨，使本無情意的玉石，變成饒富意趣的藝術品。以下舉清代有關諧音雙關語的玉器為例：

（1）歲歲平安

這件清宮的舊藏——白玉雙鵪鶉，雕刻兩隻臥形的鵪鶉，口中啄著稻穗。鵪鶉的「鵪」與平安的「安」字同音，而「穗」與「歲」也是同音，很明顯的表現出「歲歲平安」的主題。

（2）馬上封侯（輩輩封侯）

這是玉雕中常見的作品。玉馬背上騎著的是一隻猴子，或者是母猴背上背著一隻小猴。「背」與「輩」字同音，「侯」與「猴」亦同音。「馬上」同字同音——立刻的意思，寓意很快就升官。而背著猴子的寓意，即輩輩封侯，世世代代都居官宦之家。

（3）萬象如意

清代玉器中以「象」為主題的作品非常多。如這一件玉雕的巨象，背上一童子，手持一柄如意，似是替大象搔背，而如意的首柄之間，有一「卍」形之繐帶。佛教「卍」即萬之意，這件「萬象如意」的作品，正取其「萬象」同字同音的諧音雙關語。

其他尚有童子騎在象上替象沖洗之「雙童洗象」，取「萬象更新」之意，以及「蓮生貴子」、「寶鴨穿蓮」、「瓜瓞綿綿」、「福至心靈」、「福在眼前」等，都是使用諧音雙關語，使得玉雕達到寓意的效果。

檀木三鑲如意

寶鴨穿蓮

瓜瓞綿綿

第二節　象徵之美

中國古代有許多象徵圖案，用在一般家庭或宮室。例如：「三陽開泰」掛在大廳之上，五隻蝙蝠象徵「五福臨門」；或者一隻蝙蝠、一隻鹿，加上一個南極仙翁，或是一隻仙鶴，就是「福、祿、壽」的象徵。其他在窗簾上繡的吉祥如意，棉被上、枕頭上繡的鴛鴦戲水，或並蒂蓮花，這類圖案都含有中國文化與民俗的意義，世代相襲、流傳不絕。

從民俗學的觀點來看，流傳民間的一些風俗器物之中，多含有象徵之美，尤其是婚宴喜慶的禮儀和服飾，都有濃厚的傳統文化和民族的色彩。聽長輩們說在東北迎親時，新郎先向花轎的兩端及轎頂射三箭，用意在去煞氣然後踢開轎門接新娘下轎，先拜天地，後拜祖先，再拜高堂。在拜祖先時，新郎手中需抱一隻大雁，以雁沾酒，與新娘一起禮拜祖先，這種儀式稱之為「典雁」。雁是摯鳥，從《詩經・周南・關雎》便知道雁是一雙一雙在一起，永不分離，守節而不雜亂，因此後代迎親都有掛雁的民俗，象徵夫妻如同大雁般恩愛，舉翼齊飛，生死相隨。

自古以來，人們交往，相互饋贈，便是以雁做為贄禮表示真情相待，如同雁群一樣。從元好問的〈摸魚兒〉可知雁的痴情，象徵人間情意的執著與感人。其詞曰：

問世間，情是何物？直教生死相許，天地南北雙飛客，老翅幾回寒暑。歡樂趣，離別苦，是中更有痴兒女，君應有語，渺萬里層雲，千山暮景，隻影為誰去？

橫汾路，寂寞當年簫鼓，荒煙依舊平楚。招魂楚些何嗟及，山鬼自啼風雨。天也妒，未信與，鶯兒燕子俱黃土。千秋萬古，為留待騷人，狂歌飲，來訪雁丘處。

元好問在詞前自註本事：

乙丑歲，赴試并州，道逢捕雁者云：「今日獲一雁，殺之矣，其脫網者，悲鳴不能去，竟自投於地而死。」予因買得之，葬之汾水之上，累石為識，號曰雁丘。時同行者多為賦詩，予亦有雁丘辭。舊所作無宮商，今改定之。

乙丑年元好問與同行赴并州應試，途中遇一獵雁人自述：「今日獵一雁，捕殺之，而另一脫網者，悲鳴徘徊不去，最後也投地殉情而死。」元好問憐恤這對雁的摯情，因此買而葬在汾水之上，累石為記，名為「雁丘」，供騷人墨客憑弔，並寫下〈摸魚兒〉。其開端幾句，成為千古絕唱。

雁一向象徵摯鳥，暗示夫婦情侶。在玉器上，動物類的雕刻，往往用鴛鴦、寶鴨、雙雁象徵夫婦的恩情。有時也雕刻一些寶鴨穿蓮、玉雁含穗，象徵連中甲第或歲歲豐收等。玉本身便象徵溫潤、堅貞之美德，因此，在清代的玉器中，有關象徵之美的作品很多，今舉例如下，以見一斑。

（1）翠玉白菜

翠玉白菜

參觀臺北國立故宮博物院，你一定會被一件清代的玉器所吸引，那就是翠玉白菜，就如同回到時光隧道，共享清代帝王婚禮的喜慶。翠玉白菜也確有吸引人之處，除了它的造形之外，涵義的象徵也極為動人。如前所述，它是光緒皇后的嫁妝，是一件定情之物。為什麼要用這棵翠玉白菜做陪嫁的禮品呢？

一塊巧色的玉材，經玉匠的精心構思，將灰白部雕作菜的根與莖，翠綠處則雕成菜葉與螽斯蟲。在《詩經・周南・螽斯》對螽斯蟲有這樣的描繪：

> 螽斯羽，詵詵兮。宜爾子孫，振振兮。
> 螽斯羽，薨薨兮。宜爾子孫，繩繩兮。
> 螽斯羽，揖揖兮。宜爾子孫，蟄蟄兮。

依宋代朱熹《詩序辨說》的解釋：「螽斯聚處和，一而卵育蕃多，故以為不妒忌則子孫眾多之比。」嚴粲《詩輯》中也說：「螽斯生子最多，信宿即群飛，因飛而見其多，故以羽言之。」由以上的兩種說法，可知螽斯是象徵子孫綿延、繁多之意，故而有「螽斯衍慶」的祝辭。

因此這棵翠玉白菜，潔白的根、莖，就象徵著新娘的家族、身家清白；那隻葉上的螽斯，則象徵健康的新娘將為夫家帶來繁多的子孫；而玉本身就是溫柔敦厚的象徵。這翠玉白菜，真是一件別有涵義而又完美的嫁妝。

（2）如意吉祥

玉如意的使用在清代最為普遍，多數是贈年長或階級身分高於自己的人，祝賀長者事事如意。如意的來源，是導源於爪杖。上了年紀的人，搔不到背部的癢處，因而以爪杖代替，故能如人之意。送禮時以爪杖為禮，也等於祝賀人事事如意。由於爪杖的造形不雅、過於通俗，因此將它的造形加以修飾，就有了今日我們常見的如意造形。

在佛教的法杖中，就是以如意的造形來象徵權杖，據傳說是由靈芝演變而來的。所以在雕刻如意時，一定少不了靈芝首。靈芝非但是長壽的象徵，同時也象徵著「如意」。

吉祥的「祥」與「羊」的音相近，而「羊」與「陽」又同音。在玉器的雕刻中「羊」也象徵著「吉祥」。動物中，「羊」本性溫和、柔順。且幼羊於吮取母乳時一定持跪的姿態，故予人有「和平安祥」、「至孝」的感覺。我們常見的玉雕中，有三隻羊，或站立或平臥，和諧的聚在一起。又或者是一隻羊，口中啣著靈芝或是背著如意，這些造形都是象徵著「吉祥如意」、「三陽開泰」的吉祥話。

（3）海馬負書

《易・繫辭上》：「河出圖，洛出書，聖人則之。」又《尚書・顧命》：「天球，河圖。」孔傳：「河圖、八卦，伏羲王天下，龍馬出河，遂改其文以劃八卦，謂之河圖。」河指黃河，洛指洛水。伏羲時代認為河出圖，洛出書，是天下太平的徵兆。在古代神話中，則以為君王有德，神馬或神獸也受聖德的感召，負寶書或寶圖而來。這則神話，寄寓了天人感應的思想，也可知古人借此神話，渴望和平，而借河圖洛書，象徵太平盛世。

今日大陸北京故宮中，便收藏一件「玉海馬負書」的玉雕。乾隆曾撰〈和闐玉龍馬負書銘〉文：

土繡雲回，蔚兮蒼然。在彼玉河，蓋千萬千。
鄰鄰璟璟，曼衍巒卷。西旅底貢，有如獻環。
刻以龍馬，負書洛川。相承奇偶，數肖地天。
奉若清寧，安益求安。敢誇耆定，彌勵惕乾。

神馬昂首闊步，踏海浪鄰鄰璟璟而來，其馬鞍中背負一套玉書，設色之美，立刻使人聯想到《周易》與《尚書》中的「河出圖，洛出書」，象徵聖德君王，為百姓帶來太平盛世。

第三節　情意之美

王國維的《人間詞話》主張境界說，而境界的精華，便在一個「真」字。因此他對「境界」作了一個界說：

> 境非獨謂景物也，喜怒哀樂，亦人心中之一境界，故能真景物，真感情者，謂之有境界；否則謂之無境界。

他又引《文選・古詩十九首》的二段詩句，說明「真」的可貴，他說：

> 「昔為倡家女，今為蕩子婦，蕩子行不歸，空床難獨守。」「何不策高足，先據要路津，無為久貧賤，轗軻長苦辛。」可謂淫鄙之尤，然無視為淫詞鄙詞者，以其真也。

由於真感情，真景物，雖是淫詞或鄙詞，仍被視為好詩。

王國維的境界說，雖是詞話，其實中國古代的詩話或詞話，就是詩歌中的美學。而且王國維受尼采哲學的影響，其詞話含有中西美學的精華，依據境界說來闡明清代玉器的情意之美，有其在藝術美上的共相可尋。

蓋詩詞文章，構成文學，是以文字表現情意之美，而引起閱讀後的共鳴；而玉器寶石，經過雕刻琢磨，成為藝術品，是用玉石表現情意之美，引發愛玉者的喜悅和珍惜。

今以清二件玉器，包括愛情、友情為例，以見清代玉器的情意之美：

（1）多寶串

這個多寶串是由六種不同的寶石和玉石所串成，佩於腰間。其中六種不同的玉石，象徵世世永續不變的姻緣。

又近代作家瓊瑤女士的小說《新月格格》，敘述端親王的女兒新月，因順治年間的「荊州之役」，改變了她的一生，且引發出一段刻骨銘心的愛情故事。女主角新月身上的那串項鍊，以三串玉珠串成，中間懸著的一塊古玉，正是一彎新月，也是情人給她的定情之物。

清代像這類的玉器，隱藏著多少驚心動人的愛情。他們藉玉器表達心中的愛慕，又含有至高至真的情意之美。

（2）一片冰心

寒雨連江夜入吳，平明送客楚山孤。
洛陽親友如相問，一片冰心在玉壺。

一九八六年在倫敦一拍賣行，有一晚清鼻煙壺，它並沒有什麼特別的造形，只是壺上刻有唐王昌齡的〈芙蓉樓送辛漸〉這首詩，乃十九世紀初，北京名內壺畫家烏長安所刻。由他的孫女——英籍華裔的烏小姐，以六萬美金的高價購得。這件普通的鼻煙壺，除了含蘊了祖孫的親情外，更隱藏著一段動人的友情。

翠玉煙壺

綠蓋蟾蜍煙壺

白玉竹煙壺

鼻煙壺：明萬曆年間，由義大利人利馬竇傳入中國的混合藥材，由鼻子吸入的一種煙末，盛煙的瓶子稱鼻煙壺，舊時以五色玻璃製成，後改用套料，雕刻精緻，壺足題有古月軒者，尤為精品，而玉製的則更講究。

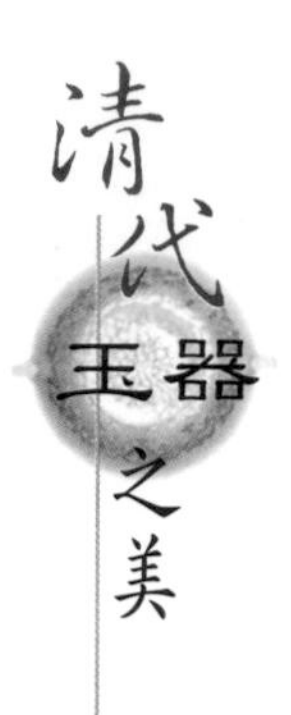

清末聶小軒善製鼻煙壺，所製為王孫貴族愛好。當時由於朝廷與洋人時有接觸，王公官宦為討好洋人，多以鼻煙壺相贈。為使壺的造形特殊，乃命聶小軒將八國聯軍擄掠北京時，騎著洋馬，掛洋刀於午門、天壇之寫照，繪入壺中，否則有殺身之禍。聶小軒知性命不保，便偕其獨女——柳娘，及婿烏長安，得友人相助，連夜逃亡。於城門分手之時，烏長安與柳娘乃將二人合製之玉壺，也是他們的定情物，贈予相助逃亡之友人。恰似詩末所言：「洛陽親友如相問，一片冰心在玉壺。」若是親友們問起，可以告訴他們，我會堅持自己的原則，客居清廉自守。借唐人之詩，表達了雙方真摯的友情，如同「一片冰心在玉壺」，純潔永固。

第六章

清代玉器美學之要素

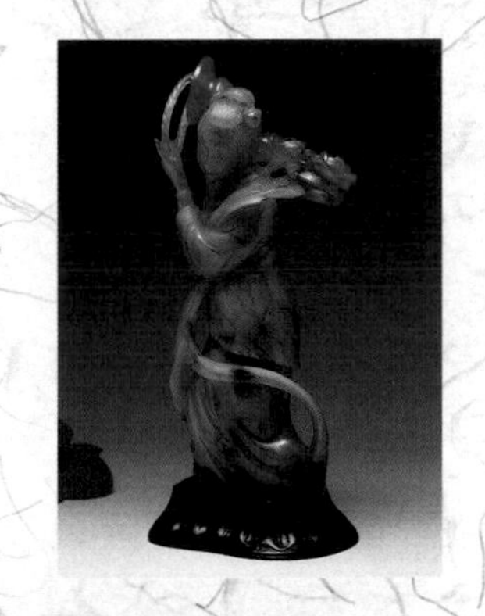

明清時代無論文學、繪畫、刺繡或工藝，都經歷過由市民性靈藝術，到浪漫的洪流，進而為仿古與開創等三階段。隨著時代的變遷，社會的發展，由宮廷、皇族、官員到商人、市民所日用的工藝品，傾向於精美、纖巧、繁縟、富麗的風格。尤其清代玉器的創作，在文藝思潮的衝激之下，更是發展到另一層美的境界。清代玉器美學的要素，大致可分下列數端述之。

第一節　選材之美

人類感受自然界的事物之美，是憑感觀、知覺而來的。但這種美感，是基本層次的美感。如果要更深一層的追索，就必須要從內心世界的情意、思想與智慧來感受外界事物之美，不僅從其間獲得快感，更是心靈的昇華和自我的陶醉。例如欣賞一幅畫或一齣戲，你會受畫境的吸引或劇情的感動，而進入畫中或劇中美的脈動，忘卻自我而陶醉其中。

玉器中的選材之美，是憑直覺感觀來選取玉材，這是美學的基本層次。玉匠在選材上，累積他的經驗和智慧，久而久之，他在選材上，也逐漸提昇他的審美觀念，成為一個有經驗的老師傅。

就以清宮中最負盛名的翠玉白菜為例，玉匠在選材上，順著玉石的脈絡、紋理、色澤將它處理成一棵自然而無匠痕的白菜，如果玉匠將這塊玉石處理成其他的玉器，那無形中就等於糟蹋了這塊玉的本質。一個沒有經驗的玉匠，不了解玉石的自然紋理，就不可能造就今日的「翠玉

巧色童子嬉夏

白菜」。 巧色之美更是需要藉玉石本身的色澤、紋理，以求其千變萬化的形象。「翠玉白菜」即是巧色的代表作。

乾隆御製詩中的〈玉犬〉，犬之色澤為一黃一白。其詩云：

聞說麻姑仙去後，千年一吠濟陽高。
牽如海上公孫見，養必雲中弘景遺。
……
本來原是和闐玉，輯瑞聊因註旅獒。

這對巧色的獒犬，一黃一白，乾隆把它想像成仙界的狗，一為海上公孫見的黃犬，一為郭璞在雲中所飼的白犬。可見玉工選材雕刻之巧，順白玉自然的形態，而創作出這件藝術品。

另一件巧色的和闐玉，令人不得不敬佩玉工選材的智慧。他將一塊玉石，刻成「秋山紅樹圖」，乾隆特別讚賞他的巧藝，題下〈和闐玉秋山紅樹圖〉：

疊疊秋山凡幾層，丹楓點綴恰相應。
懸崖笠宇待遊客，架澗紅橋欲過僧。
相質傳神秀而野，借皮設色巧猶能。
漫疑紅玉無和有，此是精瑞杞宋徵。

「秋山紅樹圖」是保留玉皮顏色與玉心顏色的不同，構成層層丹楓、點染秋山的景色，加上懸崖戴笠的遊客和澗上渡橋的僧侶，構成一幅神秀的野趣。詩中末句意謂，不必懷疑是否有紅玉這件精美的「紅樹圖」，因這件作品乃是仿宋留皮的代表作。

玉器留皮，是宋代獨創之雕法，大多留黃皮，少數留紅皮與黑皮，而到了明、清，留皮之作更加盛行。留皮的做法，使作品更加活潑、生動而不呆板，極富創意，因此有「巧雕」、「巧色」之名。

明代巧色玉器，在臺北故宮博物院陳列的有「白玉偷桃雙猿」和「玉鰲魚花插」。清代也有一件「碧玉鰲魚花插」，是以一塊碧玉琢成，然顏色的變化則實遜於明代「玉鰲魚花插」。這件「玉鰲魚花插」是今日所見，明代最傑出的作品，可與清宮的「翠玉白菜」相互輝映。

玉鰲魚花插

巧色童子拜觀音

喜鵲連環報

第二節　雕工之美

粗璞的玉石，經過玉匠的慧心巧手變成光澤的玉器。玉工治玉，經由他的雕工，愈而能激發玉石內在的才質之美，如同《詩經・衛風・淇奧》所云：「有匪君子，如切如磋，如琢如磨。」意謂有文采的君子，有如美玉，也須經過「切、磋、琢、磨」，才能發揮潛能，精益求精。

南巨川曾賦詩讚美玉工：「抱玉將何適，良工正在斯，有瑕寧自掩，匪石幸君知，雕琢磨成器，緇磷志不移。」又羅立言曾有：「幾千淪瓦礫，今日出泥塗，采斲資良匠，無令瑕掩瑜。」

完美的玉稱為「瑜」，有缺點的稱「瑕」或「疵」。普遍來說，玉多少都有瑕疵，就好比《禮記・聘義》所說：「瑕不掩瑜，瑜不掩瑕。」好的玉工，治理玉石，能將瑕疵的部份掩蓋，展現玉的精美，因此《左傳》也說：「不可以小疵，而棄其大醇。」又說：「不以一眚掩大德。」可見大自然中，沒有十全十美的事物，然經過人工的整治，往往可以達到盡善盡美的境界。

漢玉雕法，最大的特色是粗獷、簡潔而且刀法流暢。剛卯、司南佩就是漢代玉雕的代表作，後人稱此雕法謂之「漢八刀」，是形容刀法簡單而有拙樸的風格，並不是八種刀法。

漢以後，其間經過魏晉南北朝的戰亂以及唐代儒道之影響，玉雕逐漸式微，到宋以後才漸次興盛，開始以仿古為主。以「螭紋」為例，漢

白玉瓶

螭紋，線條粗獷，而宋仿漢的螭紋，則線條較細，形態優美。

宋代玉雕另一特色是多層圖案的雕法，如山水、花卉、鳥獸、蟲魚，刀法精美細膩，與宋代的精緻文化相配合。

明代由於工具的改良，在玉雕上更上一層樓，陸子岡就是「良匠」中的佼佼者，在寓意造形上頗具特色。如「鷹熊」杯，取諧音雙關「英雄」之意，給清代玉工極大的啟示和影響。同時陸子岡由於善用「昆吾刀」，開拓玉器細雕精雕的途徑。如臺北故宮博物院展示的玉簪，需透過放大鏡始能見其細美，花莖細如毫髮，工巧極了。清人則繼承前朝雕工的智慧和經驗，集各朝之大成，開拓了玉雕的新紀元。

清代玉雕，突破了宋、明的傳統，創造了許

彩玉天雞尊

天雞鳴，曙光生。神話中的仙鳥。〈述異記下〉：「東南有『桃都山』，上有大樹，名曰桃都，枝相去三千里，上有天雞，日初出照此木，天雞則鳴，天下雞則隨之鳴。」

多新的花樣和圖案，除了仿古的玉器外，已有大量寫實之作。在清宮中，還特成立「造辦處・玉作」，主要的任務便是對玉器的改作、刻款、鐫字，以及玉器的烤色、配蓋等。同時，在蘇州和揚州，各設「蘇州造辦處」、「揚州造辦處」。江南此二造辦處，力求變化和精巧，在雕工上的成就淩駕各朝之上，也超越宮廷造辦處。蘇州，是琢玉工藝的傳統地區，從明代便已開始，到清代，蘇州便已成為全國首屈一指的琢玉中心。乾隆御製詩中，讚賞蘇州專諸巷的玉工，在雕工上有其獨特的成就，如〈題和闐玉鏤霜菘花插〉：

和闐產玉來既夥，吳匠相材製器妥。
倣古熟乃出新奇，風氣增華若何可。

清代雕工之特色是盡量保持玉石原來的面貌，在留皮、巧色上，務求作品的自然精巧，寫實美觀，甚至達到諧音寓意的效果。同時，玉器的精美和薄雕、鏤空雕，是清代雕工的最大特色。

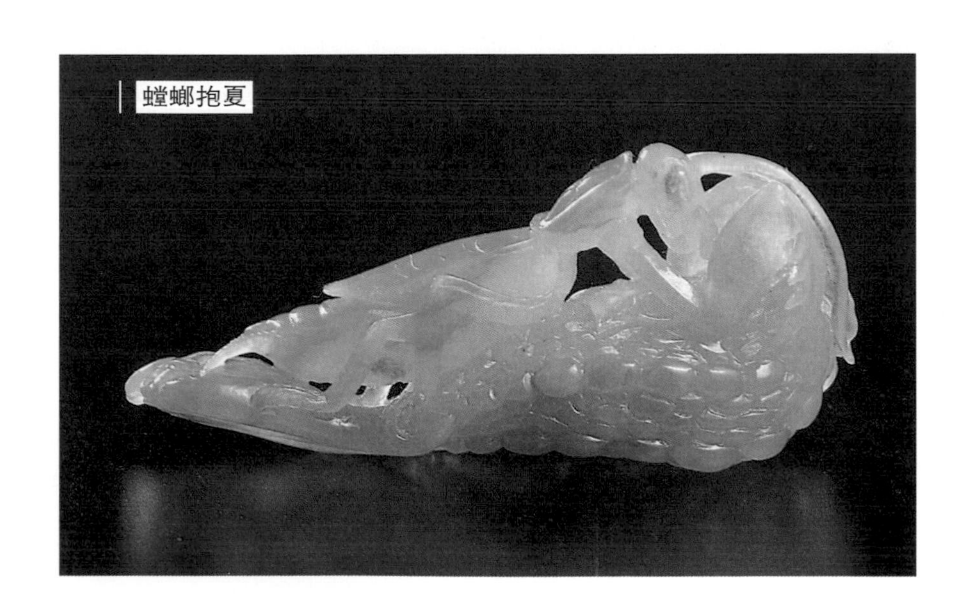
螳螂抱夏

鏤空雕香爐

乾隆時，痕都斯坦入貢的玉器，也直接影響到玉器雕工造形的改變。乾隆喜愛痕都斯坦玉，痕都斯坦的人民是智慧、勤勞的民族，他們擅長於銀器、金器、玉器，以及珠寶鑲嵌的手工藝。痕都斯坦與中國在商業上的貿易，大半在新疆一帶進行，他們將中國出產的布匹、瓷器、茶葉和藥物輸入該地，而輸入中國的，主要是痕都斯坦的玉器。今清宮收藏的玉器中，便有不少是痕都斯坦玉器的精品。這種異國風貌，尤其在薄雕、鑲嵌雕工上，都給清代玉工啟發了玉雕的新途徑。

乾隆御製詩〈詠和闐白玉碗〉：

和闐白玉錯金嵌寶石碗（北京故宮博物院）
此碗潔白無瑕，其中以180粒寶石嵌有大小花朵，碗內有乾隆御製詩「酪漿煮牛乳，玉碗擬羊脂，御殿威儀讚，賜茶恩惠施……」。是倣痕都斯坦玉於乾隆五十一年製成。

水磨天方巧，專諸未足論，
輸誠從遠域，嚮禮佐臨軒。
看去有花葉，撫來無跡痕。
雖云酬厚往，名誠意恆存。

其詩自注：

蘇州專諸巷多玉工，然不如和闐美玉，痕都斯坦玉工所製者，彼蓋水磨所造，花葉分明，撫之卻無痕跡，材美工巧，是為兼之。

蘇州專諸巷的巧匠雖多，但不如和闐的美玉，再加上痕都斯坦的玉工，而運用水磨工及嵌鑲法，創出富立體感的精美花卉，撫摸之下卻又毫無痕跡，可見雕工鑲嵌之美。

又〈再詠痕都斯坦玉罐〉：

巧製出痕都，質高工更殊。
白非碧玉碗，光鄙水晶盂。

詩中乾隆皇帝一再稱讚痕都斯坦玉工雕造的精美，蘇州的巧匠也難以相比，因此蘇州的玉匠，受痕都斯坦水磨法的影響甚大，促使吳中的玉工在雕工上，開拓另一個里程碑。

清代玉器，刀法細膩，層次多變，精緻而薄，線條優美，在三度空間中，充分表達出力與美。

翠玉花形紐香爐

第三節　創意之美

所謂藝術品的創意，著重於意象的表現，情意的流露，主題的變化，境界的開創。這幾條都是構成創意之美的要素。

清代玉器創意之美，可略舉數端加以說明。首先就以「如意」為例：清代以前如意之造形較少，至清代，如意的使用極為普遍。如意的造形是從靈芝和老人搔背演變而來的，又帶有長壽、吉祥、如意等涵義。這是清人特有的創意，不僅造形雅致，線條優美，意象豐富而情意深遠，同時造形變化多樣，還可供擺設鑑賞，提高生活的品味。乾隆御製詩中，就有幾十首詠如意的，如〈玉如意〉、〈題和闐玉如意〉、〈詠和闐白玉如意〉、〈詠白玉雲龍如意〉、〈題檀製古玉如意〉等。今舉其〈詠檀如意〉：

琢以羊脂玉，相惟牛首檀。
雕幾非所尚，樸雅恰宜觀。
代可語深辯，揮將花落攢。
如詢意之願，歲美萬民安。

乾隆喜如意，因如意形、意皆美。但他的兒子嘉慶，對如意就特別反感。依據《清實錄》的記載，嘉慶看見玉如意心中就感到不如意，這是因為和珅在乾隆的寵幸之下，獨攬政權，使仁宗做了三年的傀儡皇帝。事件的經過大略是：皇考冊封皇太子尚未宣布諭旨，而和珅於初二日即在嘉慶前先遞如意，漏洩機密，居然以擁戴為功（見《清實錄・仁宗實錄・卷三十七》)。嘉慶即位之前，和珅遞送如意，以暗示帝位的傳承，使嘉慶登基之後，依然在和珅及乾隆太上皇的陰影之下，過沒有實權的帝王生活，故而見了如意，心中就不如意。乾隆駕崩，嘉慶立即整肅和珅並抄滅其家。且下詔：

> 王公大臣督撫等，所進如意，取兆吉祥，殊覺無謂，諸臣以為如意，而朕觀之轉不如意也，亦著一併禁止，經朕此次嚴諭之後，諸臣等有將所禁之物呈進者，即以違制論，決不稍貸，特此明白宣示。

和珅呈送如意給嘉慶，一件如意，便洩露了天機。從這件「如意」的事件，我們不得不欽佩清朝在使用如意上的創意。其實如意的確是一件賞心悅目的藝術品。面對臺北故宮博物院中所陳列的如意，不但引人遐意，更使人想起「美比歷史還真實」這句話的涵義。其次玉器中有諧音雙關，雕文琢字的創意。清人在玉器雕刻上，大量發揮中國文字諧音之美，以實體的物象來達到寓意的目的。例如：「太平有象」、「五福臨門」、「龍鳳呈祥」、「三陽開泰」、「歲歲平安」、「歡天喜地」、「福祿壽喜」、「連生貴子」、「馬上封侯」、「寶鴨穿蓮」等等，不勝枚舉。像「寶鴨穿蓮」的造形，即是雕刻一隻肥鴨，穿梭於蓮荷之間。意指「連中甲第」。在科舉時代，用這種具有創意的玉器來贈送給士子，祝其連連高中。「鴨」有「甲」之意，「蓮」與「連」諧音雙關，玉器的巧作與中國文字的特色，構成了特有的創意。其次，玉器之中有山水

意境、設色立體的創意。以玉質的色澤、明暗、光彩來凸顯山水的秀麗及立體感，並以花草、樹木、竹篁、宮室、亭臺，以分別遠近層次，其間穿插一些鳥獸人物，更增加山川意境之美。最足以代表清代的山水玉器雕刻的作品是「會昌九老圖」及「竹林七賢圖筆筒」。總之，清代玉器無論在選材、雕工、創意都凌駕前朝之上。從玉器雕刻的發展歷程中，我們可以看到每一個朝代的特殊風格，由先秦的古樸、典雅，兩漢的華麗、厚重，唐的雄渾、蒼勁，宋、明的精巧、細緻，到清代的仿古、開創，另闢玉雕的新境界。刀工細巧，簡明有力，主題的表現力求完美，充分表現了東方民族特有的風格和智慧，為玉器的發展史，留下美的歷程。

實鴨穿蓮

科舉時代，文人中舉，是人生一大樂事。「實鴨穿蓮」，鴨諧音甲，蓮諧音連。暗喻連中甲第。

第七章

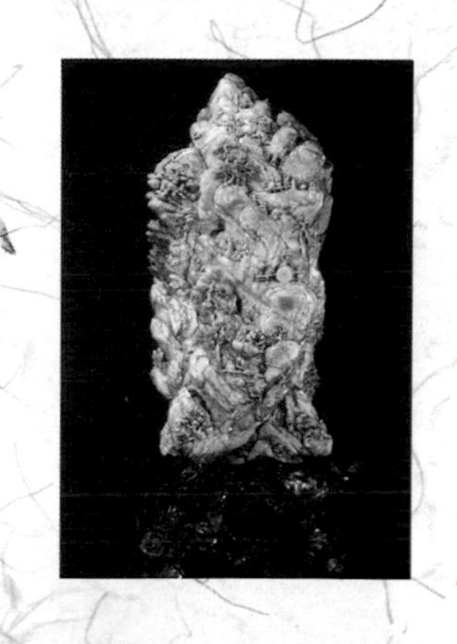

清代玉器美學的特徵

第一節　玉材之美

清代玉器，玲瓏巧琢，材質精美，輝煌細緻，不妨從美學的原理和觀點來探討清代玉器之美。玉材本色之美是自然之美，經過人手的雕刻琢磨，誠如《詩經・衛風・淇奧》所說的「如切如磋，如琢如磨。」精益求精，美上加美。

清代玉材之來源，可說是累積歷代玉材的精華，大致而言有四方面：來自和闐的白玉，來自新疆葉爾羌的山玉，來自雲南緬甸的翡翠，來自痕都斯坦的印度玉。其他如長安藍田的玉、崑崙山的玉，以及東北瀋陽岫山的玉等，均可供選材之用。而前期玉石的來源，大致來自回疆。《大清一統志》云：「密爾岱山舊音開爾塔克，在葉爾羌東南，產玉石。由是東行，接和闐南境諸山，俱產玉石。」又云：「玉名哈什，產玉，和闐南山最良，河出山中為玉河，有紺黃，清碧，元白數色。小者如拳，大者如枕，因其河為哈什。」又〈西疆雜述詩〉：「玉出昆岡，自來論玉，統計中外，以和闐為最佳。」這些玉材，主要為白玉，也是乾隆最喜愛的玉器。清代後期，玉材的來源，主要是雲南緬甸的翡翠，也是慈禧太后最喜愛的玉器。這些新添的玉石，與歷代的古玉，相互輝映，使清代玉器之美，臻至登峰造極的境界。

碧玉插屏

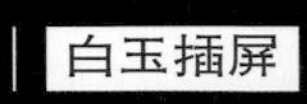
白玉插屏

第二節　歷朝審美觀念

歷代的審美觀念，因時代、社會背景，文藝思潮均有差別。秦漢時代，因儒家思想的流行，講究古樸之美、莊嚴之美。魏晉南北朝時代，道家思想當令，而玄學風行，儒家重實際、要求真與善的結合之美，則演變為真與自然的結合之美。由於玄學，玄之又玄眾妙之門，於是開展出清綺、華麗、穠艷之美，神秘而浪漫，加以南方的巫覡楚文化，使美的成分帶有象徵、超越之美。唐代是盛世，經唐太宗、唐玄宗的開拓疆土，加上李唐來自隴西集團，他們的血液中，流有胡漢的混合體，思想開放。在文化上，要求儒、道、佛三教合一的大一統，因此開展了雄渾蒼勁之美、古高婉約之美、典雅含蓄之美。宋、明版圖雖小，但文化精緻。由於理學的盛行，講求自我的反觀與內省，於是在美學上，創造了內斂之美的特性。例如玉器的製作，引起考古、仿古之風。在瓷器上，更是摹仿玉的顏色，而造形單純俊美，如汝窯、龍泉窯所燒製的白瓷和青瓷，便是仿白玉和青玉的色澤。

清是滿族，滿族本是游牧民族，崇尚武功，是蒙古族的一系。自清人入主中原，便與漢文化融合，由於異族文化的融合，所產生的新文化，往往與舊文化不同，而大放異彩。因此清代的美學觀念，融合前朝的菁華，使清代美學獨樹一幟，光耀千古。

第三節　清代玉器與美學的關係

玉本身便是美的象徵。清代玉器美學的特徵可分列五端，說明兩者之關係：

歷史的意義，文明的軌跡

玉器的演變，代表了文明發展的軌跡；每一時代的玉器，包含了那時代的審美觀念。玉質不變，玉器的形狀和涵義則隨歷史而轉化。

從藝術品的造形、雕刻的紋路、原始的圖騰中，以小見大，可見歷代美的觀念，以及時代、民族性的涵義。如周代的「饕餮圖」，普遍應用在器物上，乾隆御製詩中有〈詠周玉饕餮尊〉：

尊稱饕餮西清圖，銅既有之玉豈殊，
戒貪喻象垂嘉謨，他山良質加追磨，
千年土蝕暈糢糊，絳雲容容護體膚，
偶閱舊器缶盈孚，多年闕詠誠為疏，
題句遂以心惕吾，所戒寧惟飲食乎，
即令海寓歸皇輿，持盈保泰敬畏俱，
邊敢他願止足無，齋名戒得斯意劬。

周代以饕餮圖案，用在鐘鼎器上，也刻在玉器上，作為警惕戒貪之意。這些器物和圖騰，便代表了周代文化、文明的軌跡。清代玉器，承續前朝文化的精髓，而玉器的塑造與雕刻，由於玉材的來源充足，則更進一步的邁向質與量並重的生產。其中不僅有高達數尺的插屏和仿古玉瓶，更有重達數千斤的玉山。從開採、運輸、到製作的過程，這中間要經歷多少的人力、物力，而要將這巨大且重數千斤的玉石，從密勒塔山運送到北京，以當時的設備而言，堪稱艱鉅。今舉乾隆御製詩〈題密勒塔山玉大禹治水圖〉為例：

神禹敷土定九州，帝都之地冀州始。
崑崙產玉千古美，茲得密勒塔巨材。
……，其高七尺博三尺。
卓立如峰之岃嵷，……。
曰椎曰析曰剔釃，功垂萬古德萬古。
為魚誰弗欽仰視，畫圖歲久或煙滅。
重器千秋難敗毀，……。
是器致之以萬里，……。
……，博大悠久稱觀止。
一之為甚可再乎，曰惕曰塹胥在此。
無服遠德莫漫為，求珍玩物或致否。
慎哉長言示變異，名伯訓當熟讀爾。

根據資料顯示，這件玉器重達數千斤，是回民感戴乾隆的德政，獲此巨珍之後，獻於乾隆，而非一般玩賞之玉件可比。乾隆得此玉之後，令玉工刻製大禹治水圖，刻下大禹治水的功業，借玉刻史。由詩中「畫

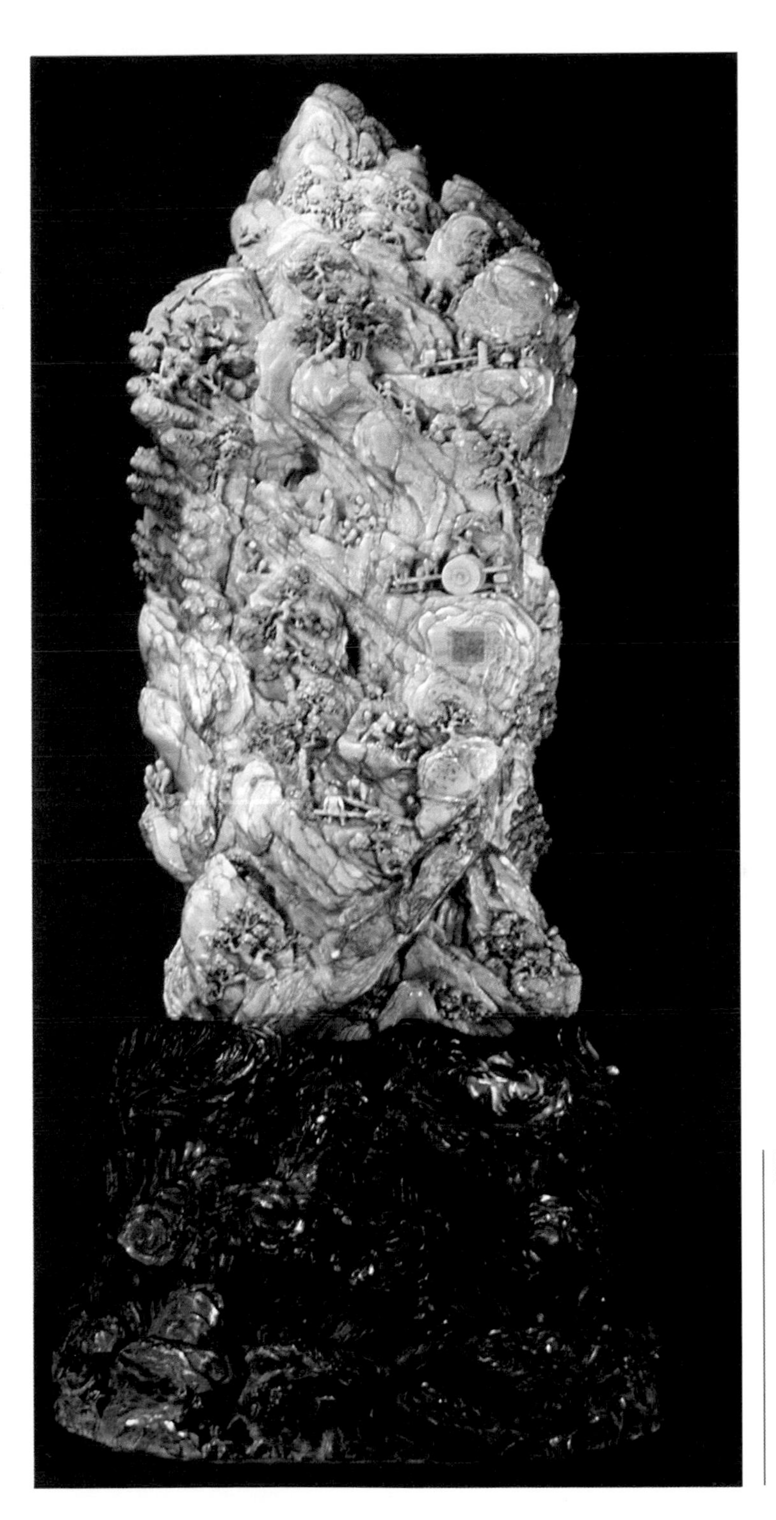

大禹治水圖

（北京故宮博物院）
乾隆時代特大的玉山。玉材原重一萬零七百公斤，依據宋人的畫稿，費時六年在揚州製成。主題是大禹治水的情景，以立體雕刻表現民工開山治水的壯觀艱巨的場面。

圖歲久或煙滅，重器千秋難敗毀」，可知乾隆預想一定可以名留千古，在歷史上留下美的記錄和不朽的痕跡。

祈福的心情，護身的靈符

用玉來祈求平安，避邪遠禍，或用佩玉來倣仿玉的溫潤，溫文如玉。因此自古以來，君子玉不離身，清人也不例外。佩玉保身，便成為民俗。我們最熟習的古典名著，清人曹雪芹的《紅樓夢》，就是以女媧煉石補天開始的。第一回「甄士隱夢幻識通靈，賈雨村風塵懷閨秀」：

> 女媧煉石補天之時，於大荒山無稽崖，煉成高十二丈見方二十四丈大的頑石，三萬六千五百零一塊。那媧皇只用了三萬六千五百塊，單單留下一塊未用，棄在青梗峰之下，誰知此石自經鍛煉之後，靈性已通，自來自去，可大可小，因見眾石俱得補天，獨自己無才，不得入選，遂自怨自愧，日夜悲哀。

這塊自怨自艾，無才以補天而靈性已通的玉石，被空空道人鐫上「通靈寶玉」四字，然後被帶到繁華的人間，富貴的賈府來投胎。當他出生時，口中含玉，因而賈家喜獲麟兒，名為賈寶玉。這塊通靈寶玉是寶玉的護身靈符，每當那塊寶玉不見時，賈寶玉則恍惚痴迷，當護身寶玉獲致時，則精神清爽，聰敏如故。足徵我國民俗中，認為玉是吉祥之物，佩之可以護體保身、避邪去禍。今舉實例以明之。

依《古玉辨》作者劉大同所述的親身的經歷，在清光緒二十年(1894)，劉先生在燕京夜市中，購得一塊白色舊玉，茄式，刀工精巧，茄身白如羊脂，中間有水珠，大如豆粒，見者皆以為奇異。相傳石中有水稱為「空青」，瑪瑙也有空青，謂「水膽瑪瑙」。玉中有空青，實屬罕見，而劉先生所得之茄身白玉，應屬白玉空青，極為珍貴，且經常佩帶在身數年之久。一日，他乘騾車訪友人，車翻於玉帶橋下，劉氏當時昏迷不醒，岸上人將他抬於一小舖內，休息片刻即醒，見僕人與車夫皆頭破血流而擦藥，劉氏則無恙。但所佩白色古玉，已分為兩半。玉雖已破，而己身卻安然無恙，可見玉可護身也非無稽之談。

今人國立故宮博物院玉石專家——那志良先生，撰有《玉器的欣賞與鑑定》，其中提及他自小受長輩崇玉的薰陶，諸如玉可護身的事件，屢見不窮，促使國人對玉的鍾愛愈發狂熱，尤其富貴人家，以此成俗。

那先生在一次電視專訪的報導中，曾陳述抗戰期間，故宮古物的運送，在敵方砲火的轟擊下，竟然沒有受到絲毫的損壞。可能是古物本身的靈性，使外力無法侵害。又如老人帶玉跌倒不傷身，只是玉碎，雖不是迷信，但也非絕對應驗。然而中國人對玉的珍愛，深信冥冥中，有護身價值的存在。

定情的信物，愛情的圖騰

玉器經常作為定情的信物和見證，希望愛的盟約如同金玉一樣堅貞不移。西方人以鑽石、藍寶石為定情的信物，也是取寶石的特性晶瑩明亮的光澤，堅而牢固的硬度，都是比喻情比石堅。清代玉器中，有許多與愛情有關的玉飾、玉佩或玉件，多作為愛情或婚姻的禮品。除了最著名的「翠玉白菜」之外，玉器上所刻的事物，都是龍鳳呈祥或與吉祥話有關，這些雕刻的事物，可算是愛情的圖騰。今列舉一、二於下：

（1）和合二仙

《韓詩外傳・三》有云：「天施地化，陰陽和合。」「和合」二仙的由來，起源於此。其後《易林・家人之漸》：「使媒求婦，和合二姓。」和合兩家之好，結秦晉之緣，因此「和合二仙」如同「月下老人」，是撮合人間美好姻緣的良媒。

清雍正十一年（1734），封唐代天台僧寒山子大士為「和聖」，拾得大士為「合聖」，也稱「和合二聖」。一般人到蘇州參觀寒山寺時，在中殿設有寒山和拾得的畫像，兩人蓬頭笑面，像是一團和氣，後人將「和合二仙」，加在寒山和拾得身上。通常談唐人張繼的〈楓橋夜泊〉：「姑蘇城外寒山寺，夜半鐘聲到客船。」都注意到寒山寺的鐘樓和鐘聲，或是留意寺外的江橋或楓橋，而不留意寒山和拾得、豐干等僧侶，其實他們還是撮合婚姻良媒的「和合二仙」。

在《西湖覽志餘・委巷叢談》中提及和合二仙，其文云：

> 和合，神名。俗寫其蓬頭笑面，身著綠衣，左手擎鼓，右手執棒。宋時稱「萬回哥哥」是和合之神。取和諧好合之意。今婚禮時多加以祭祀。

在清人的玉器中，常刻有和合二仙的造形，作為婚禮時定情的嫁奩和禮品。在賀人婚禮中，也以和合二仙的玉件，饋贈親友，祝福一對新人百年好合，因此和合二仙也是民間的「結婚神」。

（2）歡天喜地

在一般玉器的製作中，常以兩隻連體獾，雕刻在一起，上下合抱。

多半是運用巧色的玉，造成兩隻色彩分明，雌雄易辨。獾的習性，似松鼠，成雙成對，相互追逐嬉戲，故玉工設色取巧，把獾刻成一對，一上一下，取義於「合歡」，因「獾」與「歡」字諧音雙關，有合家歡樂之意，又可稱為「歡天喜地」。這是件愛情的圖騰，令情侶見此「合獾」，更增益他們的感情而合歡不分。

在六朝的民歌中，常用「歡」字作雙關語，指「歡子」和「愛人」，例如吳歌中的〈歡聞變歌〉：

男：金瓦九重牆，玉壁珊瑚柱；
　　中夜來相尋，喚歡聞不顧。
女：歡來不徐徐，陽窗都銳戶。
　　爹娘尚未眠，肝心如推櫓。

詩中的「喚歡」，便是「呼喚歡子」的意思。

宋王安石的小名，稱為「獾郎」。《聞見後錄・三十》：「王荊公之生也，有獾入其室，俄失所在，故小字獾郎。」獾郎，即歡郎、愛子，如今日所謂的愛人。

在玉器中除「合獾」外，尚有「連理枝」、「並蒂蓮」、「鴛鴦戲水」、「龍鳳呈祥」等雕刻，同是愛的標誌，情的圖騰。

工藝的精巧，巧匠的生命

宋代短篇小說中，崔寧的「碾玉觀音」，便是一件精品，他把秀秀的神采刻入作品之中，因此一件精美的藝品，往往是巧匠一生的生命。清代玉器之中，精巧的工藝品，本身便是美的結晶、美的巧構、美的組合、玉匠的巧思，甚至於將一生的精力和生命投注於作品之中，如同干將、莫邪鍊劍一樣，鑄成流傳千古的名劍。

清代玉工中極少留有姓名，由於封建制度的影響，玉工僅是個藝人罷了，雖然乾隆時代大量的雕製玉器，但當時造辦處並沒有像唐明皇開設教坊。開元二年（714）崔令欽作《教坊記》，記載了許多當時的樂工及歌妓之名，如果當時揚州、蘇州和宮廷「造辦處·玉作」也有人寫造辦記，那造辦處的玉工便會留下他的大名。雖然清代玉工的姓名難以尋找，但畢竟還是留下了一些名字，李更夫先生曾花了許多時間，將清代玉匠的姓名加以整理，殊屬難能可貴。在乾隆御製詩中，有一篇〈玉盃記〉記載一件仿古玉盃，為了鑑定玉盃的年代，乾隆特別找到當時著名的玉工——姚宗仁。經姚宗仁鑑定，說明這件仿古玉盃的特別製法，並證明這件玉盃乃出自他祖父之手。乾隆御製文〈玉盃記〉云：

> 玉盃有鼂其釆，紺其色璘璘……。姚宗仁曰：「嘻，小人之祖所為也，世其業，故識之。然則今日之漢玉者多矣，胡不與此同，曰安能同哉。昔者小人之父，授淳煉之法，曰鍾氏染羽尚以三月，而況玉哉……。」宗仁雖玉工常以藝事諮之，輒有近理之談，夫圬者梓人雖賤，役其事有足稱其言，有足警，不妨為立傳，而況執藝以諫者，古典所不廢，茲故檃栝其言而記之。

這是在清代留有盛名的玉工，而且是祖孫三代的祖業。其次，還有專門替乾隆在玉器上刻字落款的玉工。乾隆晚年玉器的作品中，從那些刻字凸雕的篆字詩句，顯現出乾隆對玉器的讚賞，配上詩句後更具有綜合藝術的美和價值，難怪乾隆愛好的玉器，都特別為它題詩，視為珍品。

仿玉古盃

如今清代宮廷玉工中留有盛名的只有「姚宗仁」和「子昂」二人，其他少數玉工，如張君造，姚漢文，只因呈覽奉旨，故而留名。他們默默的用生命磨亮了玉器，卻也磨滅了自己的一生。面對這造形特殊，工藝精巧的作品，你也會讚嘆生命的光華，雖沒留下姓名，他們的作品卻永垂不朽。

財富的表徵，身價的保證

金玉珠寶，中國人一向視為財富，富貴人家蓄珠玉金銀，如同儲蓄。它不僅是達官顯貴日夜把玩的珍品，也是傳家之寶，富貴的表徵。由於滿人本為遊獵民族，崇仰漢文化的精華，因此對玉器的愛好，亦有過之而無不及。

臺北國立故宮博物院的多寶閣和玉屏風，華麗精美，使人不難想像清人富貴之家的收藏和擺飾，非布衣寒士所能擁有。寒舍人家僅有竹籬茅舍，清風明月，自然風光而已。反觀富貴之家珠簾玉屏、案頭擺設、和闐璧玉，價值不菲，身上佩帶，琳瑯滿目，何等風光。

清人李玉（1591～1671）所著傳奇戲曲《一捧雪》三十齣，是演莫懷古家傳玉盃「一捧雪」的故事。其故事大意：明莫懷古藏玉盃名「一捧雪」，為稀世之寶，宰相嚴嵩之子世蕃欲奪為己有，屢加迫害，有義僕莫誠替主就死，節婦雪艷為夫報仇。世蕃敗後，懷古之子嚴昊，重得玉盃，且和父母完聚。平劇中的《一捧雪》、《審頭刺湯》，就是以這個故事為本。匹夫無罪，懷璧其罪，因此玉雖然是富貴人家的傳家之寶，有時也會因此遭致殺身之禍。

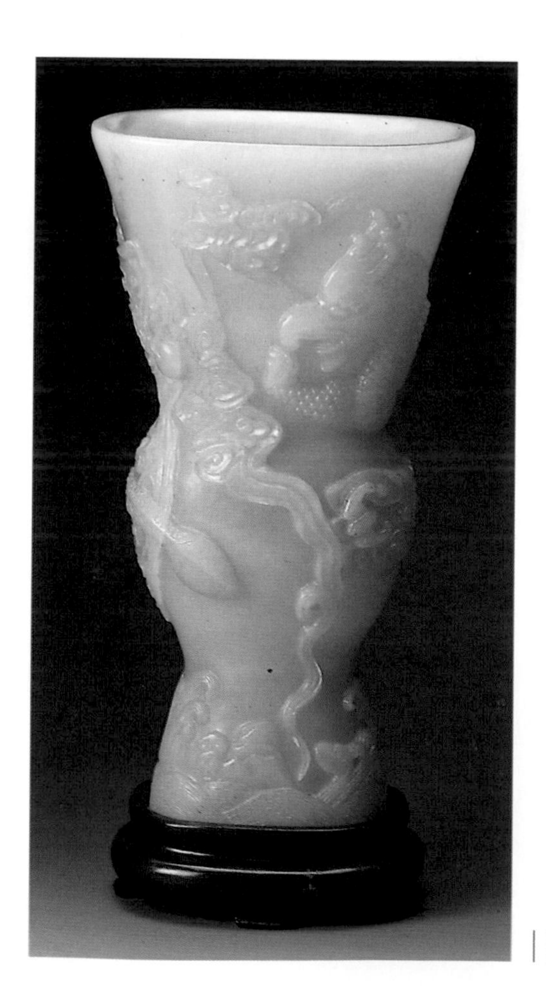
白玉盃

清乾隆大學士和珅，由於乾隆的寵愛，顯赫一時，在朝廷之中為各方所依重，凡奏議之事必經其手，始能達於天聽。於是朝中文武官員多依附而曲從，外朝入貢等貢品甚至皇上未曾檢視，而和珅必先親點，然後再獻予皇上。因此內外貢品，和珅經常中飽私囊。《清實錄・仁宗實錄・卷三十七》就有這樣的記載：

> 皇考頒諭飭禁，至再至三，衹因和珅攬權納賄。凡遇外省督撫等呈進物件，准遞與否，必須先向和珅關白，伊即擅自准駁，明示有權，而督撫等所進貢物，在皇考不過賞收一二件，其餘盡入和珅私宅。

在乾隆八十壽誕時，和珅、金簡曾獻玉印數十件，並在乾隆御製詩中挑選與「福」字和「壽」字句有關的詩文各一百二十句，鐫刻成印，打印成譜，即是現存北京故宮博物院的兩套《寶典福書》和《圓音壽耋》，以博皇上之歡心。其所獻之玉印，比之其家中所藏的玉器，僅為九牛一毛。事後嘉慶四年（1799）正月，太上皇崩，和珅賜死並抄家。據《清實錄》記載，和珅被抄家時，僅玉器、珠寶等，其珍貴甚至宮廷所藏也為之遜色。和珅家內所藏珍寶，珍珠手串竟有二百餘串，較大內多至數倍。並有大珠，較御用冠頂尤大。又寶石頂並非他應戴之物，其所藏真寶石頂有數十餘個，而整塊大寶石不計其數，且有內府所無者。今開列其被抄收玉器之數目如下：

玉鼎十三座，高二尺五寸。玉磬二十塊。玉如意一百三十柄。鑲玉如意一千一百零六柄。玉鼻煙壺四十八個。玉帶頭一百三十件。玉屏二座二十四扇。玉碗一十三桌。玉瓶三十個。玉盆一十八面。大小玉器共九十三架。未計件（以下共作價銀七百萬兩），另又玉壽佛一尊，高三尺六寸。玉觀音一尊高三尺八寸（均刻雲貴總督獻）。玉馬一匹長四尺三寸，高二尺八寸（以上三件未作價）。

玉器珠寶，為人人所喜愛，但必須取之有道，如不當得而得之，不僅不是身價的保證，反而招致身敗名裂，史蹟昭昭，殷鑑猶在。

清人身上佩玉，依身分不同而有區分，朝珠之長短，視品第而有差別，官品越高朝珠越長。文官執圭，大小孔穴，都有差異，武官扳指，環扣的玉，亦依將帥階級而有講究。民間士紳，所佩之玉，或女子之首飾，以及日常用的文房四寶、多寶串等玩物，都是財富的表徵，身價的保證。

翠玉活耳福壽印

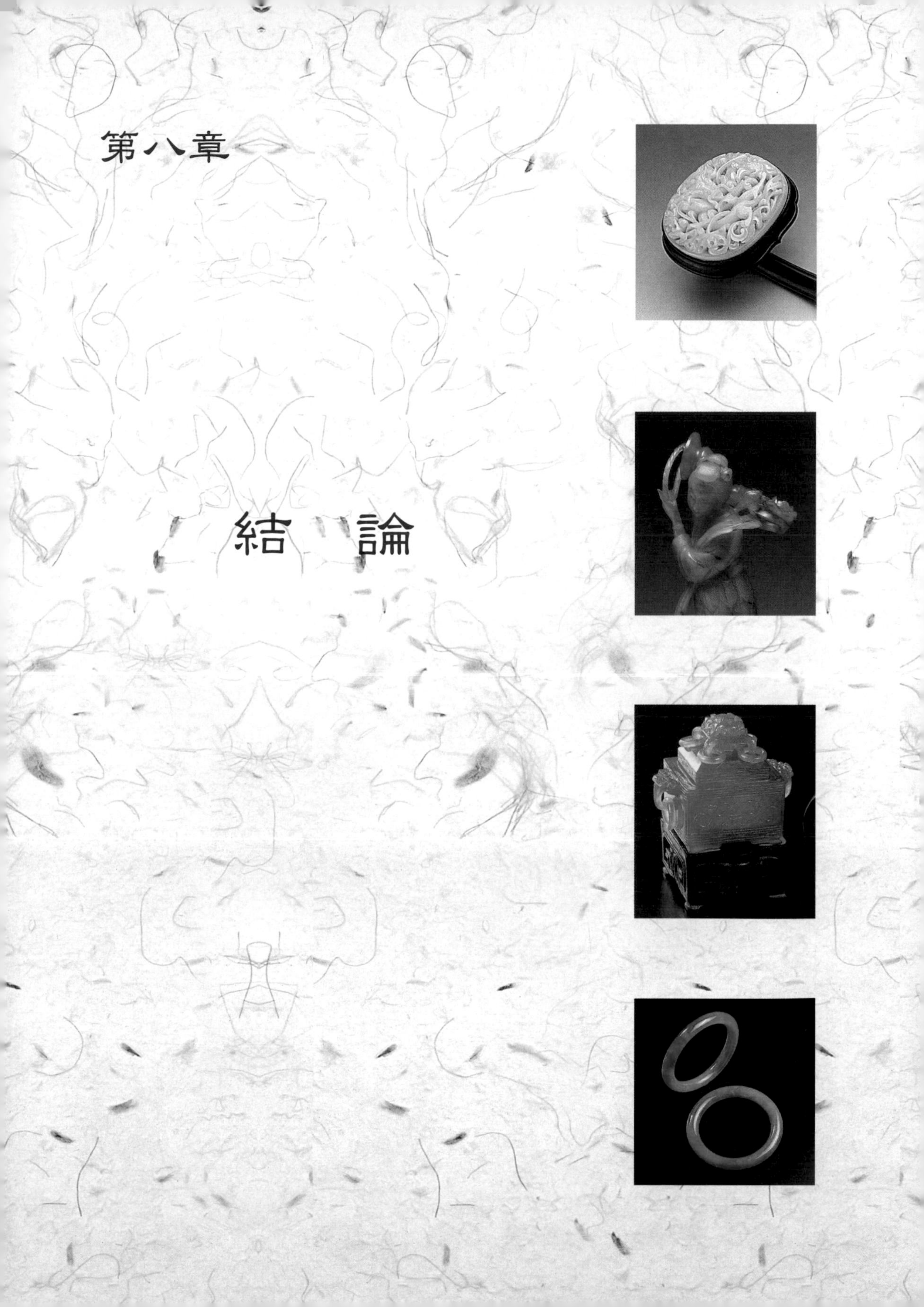

第八章

結　論

玉石在新石器時代，被人類用來作為日常生活的工具和裝飾。先秦以來，玉被視為權貴財富的表徵，作為天子諸侯祭天地、祖先的禮器或傳國寶璽。兩漢以後，龍紋、鳳紋、雲紋、饕餮紋等圖案，普遍出現在玉器上，甚至作為器物邊上的緣飾。玉的溫潤、玉的堅貞，配合了男子重節操，女子尚貞亮的美德。而且玉可以通靈，道教將玉的世界比作神仙世界，瓊樓玉宇便是神仙仙居的地方，難怪漢武帝的弟弟中山靖王和他的妻子竇綰，死後用「金縷衣」、「銀縷衣」來殉葬，以求死後的再生，羽化而登仙。

魏晉六朝亂世，玉器的發展受到阻礙。隋唐以後，玉器的運用又日益寬廣，如唐明皇禪地的玉冊，是用玉重要的文獻，而唐人玉帶，最為流行，以迄於清，風氣不衰，玉帶便成為歷代官員品第官職的象徵。

宋人用玉，著重在寓意的雕刻，多龍鳳呈祥的圖案。遼、金、元則以「春山」、「秋水」為主題，春天射雁，秋天獵鹿，是遊獵民族歷史生活的寫照和紀錄。

明人陸子岡是玉雕神手，使琢玉工藝進入「玲瓏奇巧，花莖細如毫髮」的境界。晚明宋應星《天工開物》云：「良工雖集京師，而名工首推蘇郡。」陸子岡便是蘇州人氏。

清代繼承各代之經驗與成果，繼續開展仿古、歸真返璞的玉雕，並將文化的義涵，融入玉器製作中。寓意的作品，更豐富而精美，更寫實而清晰。另外，乾隆對痕都斯坦的工藝詠讚不已，在他的御製詩中隨處可見，如：「量材為器匪瓊英，工緻詡難意想成，喀嗎匠能呈彼巧，專諸人或遜其精。」(回語以匠人稱喀嗎，而蘇城玉人多居專諸巷) 乾隆此詩讚其工巧以掩玉質不逮。以及「水磨天方巧，專諸未足論」、「印度良工夥，水磨佳法存」、「痕都精製玉，水磨鬼工勝」、「刀斧渾無跡，撫摩穆有徵」、「痕都水磨工，精巧信難窮，……薄過刻片楮，輕喻舉毛鴻」，可見乾隆對痕都斯坦玉鍾愛有加。痕都斯坦的玉器輸入中國，使得水磨工薄雕的技術，也匯入清人玉工的技巧之中。使得有清一代，不僅玉材的種類繁多，玉器的塑造，雕工的精巧，寓意之美，實可謂集歷代之大成。

白玉錦荔枝

（本書圖片，得力於葉博文、楊瑞彬、邱夑友、宋德潤諸先生之提供，及施純正和北京故宮聶崇正先生之鼎力協助，謹此誌謝。）

主要參考書目

《十三經注疏》 影印宋版昌刻本，藝文印書館

《山海經校注》 袁珂注，里仁書局，1982年

《太平御覽》 宋・李昉等，商務印書館，1991年

《太平廣記》 宋・李昉等，藝文印書館，1991年

《中山王國文物展》 東京國立博物館，日本中國文化交流協會編集，日本經濟新聞社發行，1981年

《中國文化史導論》 錢穆，正中書局，1973年

《中國文化新論・藝術篇・美感與造形》 劉岱編，聯經出版社，1993年

《中國文學史初稿》 邱燮友等著，福記文化圖書有限公司，1978年

《中國文學與宗教》 鄭志明編，學生書局，1992年

《中國玉器全集》 清・李久芳主編，河北美術出版社，1993年

《中國古代神話》 袁珂著，上海商務印書館，1950年

《中國美學》 邱燮友、陳清香等撰，國立空中大學印行，1992年

《中國美學史》 李澤厚、劉綱紀著，金楓出版社，1989年

《中國美學的發端》 葉朗、蔣勳主編，金楓出版社，1989年

《中國文學史初稿》 邱燮友等著，福記文化圖書有限公司，1978年

《中華五千年文物集刊・玉器篇（一)》 中華五千年文物編輯委員會出版，1985年

《文心雕龍》 梁・劉勰著，上海商務印書館，1930年

《文藝心理學》 朱光潛著，開明書店，1958年

《元好問研究資料彙編》 行政院文化建設委員會策劃主辦，1980年

《白香山詩集・補遺卷下》 唐・白居易著，中華書局，1966年

《白話詩經》 吳宏一著，聯經出版社，1993年

《四庫全書》 集部（240—250集） 影印文淵閣版本，商務印書館
《玉紀》 清・陳性撰選，美術叢書初集
《玉器的欣賞與鑑定》 那志良著，書泉出版社，1992年
《古玉辨》 清・劉大同著，東武待價軒，劉氏精印本
《古玉叢書》 湯名立主編，香港清華出版公司，1991年
《古今圖書集成》 陳夢雷編，鼎文書局，1977年
《古玩指南》 趙汝珍著
《世說新語》 南朝宋・劉義慶撰，梁・劉孝標注，中華書局，1973年
《考古文物雙月刊》 1985年
《美的歷程》 李澤厚著，金楓出版社，1989年
《故宮博物院藏文物珍品全集》 商務印書館，1995年
《故宮鼻煙壺》 國立故宮博物院編輯委員會編，1991年
《昭明文選》 梁・蕭統編，清胡氏宋熙刻本，藝文印書館影印
《國學導讀・（四）》 邱燮友、周何等編著，三民書局，1993年
《海外遺珍》 國立故宮博物院，1985年
《後漢書》 南朝宋・范曄著，中華書局
《莊子集解》 王先謙著，商務印書館，1965年
《清實錄》 華文書局
《清高宗御製詩文集》 國立故宮博物院
《清史稿校註》 國史館印行，1991年
《清詩紀事・（八）》 乾隆朝卷，江蘇古籍出版社，1989年
《清朝野史大觀》 小横香室主人編，中華書局
《詞話叢編》 唐圭璋編，廣文書局，1967年
《樂府詩集》 宋・郭茂倩編，中華書局，1979年
《詩品》 唐・司空圖著，見明・何文煥編《歷代詩話》，藝文印書館
《說文解字》 東漢・許慎撰，蘭臺書局，1960年

《新月格格》 瓊瑤著，皇冠叢書全集，1995年
《景德傳燈錄》 宋・釋道原撰，真善美出版社，1967年
《談美》 朱光潛著，國文天地雜誌社，1990年
《審美學通論》 何邁著，安徽人民出版社，1990年
《淵鑑類函》 影印清・康熙49年（1710）原刻本，新興書局
《論語話解》 陳濬述，中華文化出版事業委員會
《煙壺》 鄧梅著，南奧出版社，1987年
《歷史月刊》 歷史月刊社，1995年7月
《韓非子集解》 戰國・韓非著，清・王先慎集解，世界書局
《韓昌黎全集》 唐・韓愈著，宋・廖瑩中輯注，香港廣智書局

島嶼色彩

臺灣美術史論

蕭瓊瑞 著

本書收錄了一位年輕的臺灣美術史研究者對臺灣文化本質的思考、對藝術家創作心靈的剖析、對美術作品深層意義的發掘，以及對研究方法的辯證討論。他以豐富的論證、宏觀的視野，和帶著情感的優美文筆，提出了許多犀利中肯、發人省思的獨特觀點，在建構臺灣文化主體性思考的努力中，提供了一個更可長可久的紮實架構。

中國繪畫通史（上）（下）

中國繪畫藝術源遠流長的輝煌歷程，為後人留下了無數瑰寶。從岩畫到卷軸畫，從陶器到青銅彩繪，無一不是民族的智慧與驕傲。一處春秋齊墓壁畫或商周布帛畫，讓人遙想先人風采足跡；一卷精妙的《溪山無盡圖》或一軸《千巖競秀圖》則讓人領會自然造化之神奇奧妙。

本書縱橫古今，論述了原始時代以降的七千年繪畫史，對畫事、畫家及畫作均有系統地加以評介，其中廣泛涵蓋了卷軸畫、岩畫、壁畫等各類畫作。除漢民族外，也兼論少數民族之繪畫史，難能可貴的是不但呈現了多民族文化的整體全貌，又不失其個別特殊性。此外，本書更增補了最新出土資料一百三十餘處，極具研究與鑑賞價值，適合畫家與一般美術愛好者收藏。

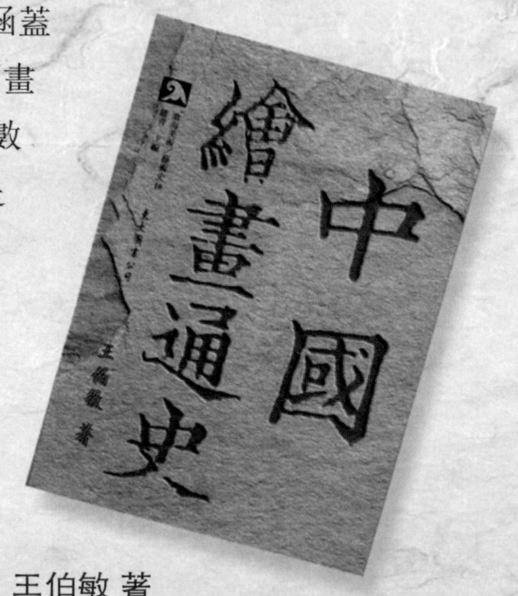

王伯敏 著

陳傳席 著

中國繪畫理論史

中國的繪畫理論，尤其是古代畫論，無論在學術水準抑數量上皆居世界之冠。中國畫論能直透藝術本質，包涵社會及其文化。本書論述了儒道對中國畫論的影響，道和理、情和致、禪與畫……，直至近現代的畫論之爭等等，一書在手，二千年中國畫論精華俱在其中，不僅可供書畫愛好者和研究者參考，也適合文史研究者及一般讀者閱讀。

黃苗子 著

畫壇師友錄

美術評論家黃苗子先生將他半個多世紀以來與美術界師友的往來見聞，點點滴滴記下，其中包括齊白石、張大千、徐悲鴻、黃賓虹、傅抱石、潘天壽、朱屺瞻、李可染、張光宇、葉淺予等三十位現代的著名畫家、漫畫家。

作者不拘體例地寫出這些畫家的生平、言行、藝術創作、生活軼聞等等。篇幅長短不一，而情趣盎然，富有可讀性，可為當代美術鑒賞研究提供資料，亦可作為美術史的重要參考。而內容文字通俗有味，更可作為美術愛好者閒中披讀的一本好書。

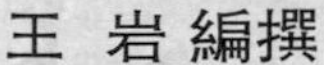
王 岩 編撰

侯 良 著

萬曆帝后的衣櫥——明定陵絲織集錦

中國的服飾藝術，由最初的蔽體禦寒，演變為繁富的文化表徵，一直與整體環境密不可分，並反映當時的政治與社會文化。舉世矚目的明定陵挖掘，不但打開了神祕的地宮之門，更讓我們見識明代在服飾藝術上的成就！

本書以萬曆帝后的衣櫥為線索，精選近三百幅絲綢服飾彩色照片及紋樣摹本，不僅再現了萬曆帝后衣櫥的全貌，帶領讀者步入明代絢麗多彩的絲織殿堂，也提供了豐富的人文感受與歷史再現。

馬王堆傳奇

西元一九七二年大陸湖南長沙馬王堆漢墓的挖掘，震撼了世人的心眼。因為除了各種陪葬的器物、漢簡、帛書、帛畫的出土外，尚有一具形貌完備的女屍，以及令人著迷的挖掘傳說。

作者以生動的筆法，搭配多幅珍貴文物圖片，為您敘說馬王堆一則則神祕離奇的故事；帶您進入悠遠的世界—— 漢代，領略她的文學、藝術、風俗、醫藥、科技、建築……等，使蒙塵的「活歷史」，再呈現出豐厚的人文內涵！

根源之美

莊 申 編著

中國藝術在在體現了深刻的人文思想，如近代之四合院表現出重孝道的倫理觀；漢代的墓室壁畫則呈現時人對神仙世界的嚮往；而山水繪畫則是文人追求淨化心靈之隱逸生活……藝術表現形式雖然不同，思想體系卻是一貫的。本書採用歷史發展的觀點來探討中國藝術，不但可讓讀者對繪畫、服飾、建築等歷代藝術有所了解，更能窺探中國文化發展之歷程。本書榮獲78年金鼎獎推薦獎。

扇子與中國文化

莊 申 著

在長達三千年的時間裡，扇子一直是中國社會各階層普遍使用的日常生活用品。可是到了本世紀，由於生活型態的改變，扇子的使用，已經到了急遽衰退的階段。基於對文化傳統的一份關懷，作者透過對藝術、文學和史學資料的運用與分析，讓讀者瞭解到扇子在中國傳統社會中，及中西文化交流史上，曾經發揮的功用。

全書資料豐富，圖片精美，編排尤具匠心，榮獲首屆金鼎獎圖書美術編輯獎。